工业机器人专业人才“十三五”规划教材

U1000664

工业机器人操作教程

主　编　李福运　林燕文　魏志丽

副主编　陈南江

主　审　罗红宇

北京航空航天大学出版社

内容简介

本书根据工业机器人技术专业的培养目标，以ABB工业机器人为案例对象，就ABB工业机器人如何正确使用与操作进行了详细的讲解。主要内容包括工业机器人工作站认识、工业机器人基本操作与编程，以及实训工作站中轨迹模块、搬运模块和数控加工模块的拆装与操作。

本书内容简明扼要、图文并茂、通俗易懂，可作为中高职院校工业机器人技术、自动化技术相关专业师生的参考及培训用书，也可供初学工业机器人的工程技术人员使用。

图书在版编目(CIP)数据

工业机器人操作教程 / 李福运，林燕文，魏志丽主编. -- 北京 ：北京航空航天大学出版社，2016.8

ISBN 978-7-5124-2212-4

Ⅰ.①工… Ⅱ.①李… ②林… ③魏… Ⅲ.①工业机器人—操作—教材 Ⅳ.①TP242.2

中国版本图书馆CIP数据核字(2016)第192160号

工业机器人操作教程

主　编　李福运　林燕文　魏志丽

副主编　陈南江

主　审　罗红宇

责任编辑　金友泉　李丽嘉

*

北京航空航天大学出版社出版发行

北京市海淀区学院路37号(邮编100191)　http://www.buaapress.com.cn

发行部电话：(010)82317024　传真：(010)82328026

读者信箱：goodtextbook@126.com　邮购电话：(010)82316936

北京兴华昌盛印刷有限公司印装　各地书店经销

*

开本：787×1 092　1/16　印张：8.25　字数：211千字

2016年11月第1版　2016年11月第1次印刷　印数：2 000册

ISBN 978-7-5124-2212-4　定价：19.80元

安全警告

机器人产品手册中的安全事项

在开启机器人之前，请仔细阅读ABB机器人光盘里的产品手册，并务必阅读产品手册里【安全】章节里的全部内容。请在熟练掌握设备知识、安全信息以及注意事项后，再正确使用机器人。用户因违反操作规定造成的人员及设备损害，由用户自行负责。

⚠ 记得关闭总电源

在进行机器人的安装、维修、保养时切记要将总电源关闭，带电作业可能会产生致命性后果，如果不慎遭高压电击，可能会导致心跳停止、烧伤或其他严重伤害。

⚠ 与机器人保持足够的安全距离

在调试与运行机器人时，它可能会执行一些意外或不规范的运动，并且所有的运动都会产生很大的力量，从而严重伤害个人或损坏机器人工作范围内的任何设备，所以应时刻警惕与机器人保持足够的安全距离。

静电放电危险

ESD（静电放电）是电势不同的两个物体间的静电传导，它可以通过直接接触传导，也可以通过感应电场传导。搬运部件或部件容器时，未接地的人员可能会传递大量的静电荷。这一放电过程可能会损坏敏感的电子设备，所以，在有此标识的情况下，要做好静电放电防护。

⚠ 紧急停止

紧急停止优先于任何其他机器人的控制操作，它会断开机器人电动机的驱动电源，停止所有运转部件，并切断由机器人系统控制且存在潜在危险的功能部件的电源。出现下列情况时应立即按下任意紧急停止按钮，如：

※ 机器人运行时，工作区域内有工作人员。

※ 机器人伤害了工作人员或损伤了机器设备。

⚠ 灭　火

发生火灾时，在确保全体人员安全撤离后再进行灭火，应先处理受伤人员。当电气设备（例如机器人或控制器）起火时，使用二氧化碳灭火器，切勿使用水或泡沫。

ⓘ 工作中的安全

一般情况下，机器人运行速度慢，但是很重并且力度很大，易造成运动中的停顿或停止以产生危险。即使可以预测运动轨迹，但外部信号有可能改变操作，会在没有任何警告的情况下，产生预想不到的运动。因此，当进入保护空间时，务必遵循所有的安全条例，即：

① 如果在保护空间内有工作人员，应手动操作机器人系统。

② 当进入保护空间时，应准备好示教器，以便随时控制机器人。

③ 注意旋转或运动的工具，例如切削工具和锯。确保在接近机器人之前，这些工具已经停止运动。

④ 机器人电动机长期运转后温度后很高，因此必须注意工件和机器人系统的表面高温状态，确保安全。

⑤ 注意夹具并确保夹好工件。如果夹具打开，工件会脱落并导致人员伤害或设备损坏。夹具非常有力，如果不按照正确方法操作，也会导致人员伤害。

⑥ 注意液压、气压系统以及带电部件。即使断电，这些电路上的残余电量也很危险。

示教器的安全

示教器是一种高品质的手持式终端，它配备了高灵敏度的一流电子设备。为避免操作不当引起的故障或损害，可在操作时遵循本说明：

① 小心操作。不要摔打、抛掷或重击，这样会导致破损或故障。在不使用该设备时，将它挂到专门存放它的支架上，以防意外掉到地上。

② 示教器的使用和存放应避免被人踩踏电缆。

③ 切勿使用锋利的物体（例如螺钉、刀具或笔尖）操作触摸屏。这样可能会使触摸屏受损。应用手指或触摸笔去操作示教器触摸屏。

④ 灰尘和小颗粒可能会挡住屏幕造成故障，应定期清洁触摸屏。

⑤ 切勿使用溶剂、洗涤剂或擦洗海绵清洁示教器，使用软布蘸少量水或中性清洁剂清洁。

⑥ 没有连接 USB 设备时务必盖上 USB 端口的保护盖。如果端口暴露到灰尘中，那么它会中断或发生故障。

手动模式下的安全

在手动减速模式下，机器人只能减速操作。只要在安全保护空间之内工作，就应始终以手动速度进行操作。

在手动全速模式下，机器人以程序预设速度移动。手动全速模式只用于所有人员都处于安全保护空间之外且操作人必须经过特殊训练，熟知潜在的危险。

自动模式下的安全

自动模式用于在生产中运行机器人程序。在自动模式操作情况下，常规模式停止（GS）机制、自动模式停止（AS）机制和上级停止（SS）机制都将处于活动状态。

前　言

1. 编写背景

随着“工业 4.0”概念在德国的提出，以“智能工厂、智慧制造”为主导的第四次工业革命已经悄然来临。“工业 4.0”是一个高科技战略计划，制造业的基本模式将由集中式控制向分散式增强型控制转变，目标建立一个高度灵活的个性化和数字化的产品与服务的生产模式。在全球制造业面临重大调整、国内经济发展进入新常态的背景下，国务院于 2015 年 5 月发布了中国版的“工业 4.0”规划，即《中国制造 2025》，这是我国实施制造强国战略的第一个十年行动纲领。《中国制造 2025》明确了九项战略任务和重点，其中重点包括了新一代信息技术产业、高档数控机床和机器人、航空航天装备、海洋工程装备及高技术船舶、先进轨道交通装备、节能与新能源汽车、电力装备、农机装备、新材料、生物医药及高性能医疗器械等十大重点领域。因此，工业机器人作为自动化技术的集大成者，是“工业 4.0”的重要组成单元。当前，机器人产业的发展对工业机器人编程与操作的技能型人才的需求越来越紧迫，按照工信部关于工业机器人的发展规划，到 2020 年，国内工业机器人装机量将达到 100 万台，需要至少 20 万工业机器人应用相关从业人员，并且以每年 20%～30%的速度持续递增。在教材方面，工业机器人的操作编程只能依靠机器人企业的培训和产品手册，极度缺乏系统学习和相关知识技能点指导。虽然市场上有一些关于工业机器人方面的教材，但普遍偏向于理论与研究，或者偏向于指导说明书，适合职业教育基础教学的教材尚为空白。因此，开发适合于职业教育特点的教材是当前开展工业机器人技术专业人才培养急需解决的重要问题。

2. 编写宗旨

工业机器人编程与操作是作为工业机器人技术专业开设的专业核心课程。本书集合工业机器人技术专业教学资源库的建设成果，教材编写组由学校、企业、行业专家组成，针对相关行业岗位如工业机器人示教编程、工业机器人工作站调试等典型工作任务的群体所需的知识能力点需求进行分析，同时对照国家工业机器人教学资源库建设中的工业机器人编程员和系统应用工程师的职业标准，打破传统理论教学与实践教学的界限，将知识点和技能点融入项目任务中。本书主要包括初始工业机器人、工业机器人的基本操作、工业机器人的程序编程、工业机器人的 IO 通信、工业机器人离线编程应用五个项目，每个项目含有若干任务组成，每个任务都有具体描述引入，按照“任务描述、知识学习、任务实施”进行逐步讲解，在培养读者养成良好学习习惯和科学思维方法的同时，也更加适用于工学结合、项目引导、“教与学”一体化的教学需求。本书中的每个任务都由课程编写组根据北京华航唯实机器人科技有限公司针对职业院校开发的基础教学工作站实训任务而来。

在编写过程中，从工业机器人编程与操作的特点出发，结合工业机器人企业应用过程中的经验，把本书编写宗旨定位于：以高职课程内容为主，注重任务的实施，以方便教学开展。其中与教材配套的课程资源，按照国家工业机器人技术专业教学资源库建设相关规范要求，开发了包括课件、视频、习题等一系列资源。

3. 教学建议

“工业机器人应用基础”是工业机器人技术专业的一门核心基础课程，对工业机器人专业教育是一门新课程，其前导课程需要学习“可编程控制器技术应用”、“液压与气动技术”、“电气控制技术”、“可编程控制器应用技术”、“运动控制技术”等，后续课程包括“工业机器人工作站系统集成”、“工业机器人系统维护”、“顶岗实习”、“毕业设计”。

在本书中引入了工业机器人离线编程软件 RobotArt，在教学过程中，可通过该软件辅助教学。

本教材中在关键知识点和技能点之处通过二维码标注微课、技能实操讲解等资源，可用手机随扫随学。

4. 致　谢

本书由广东松山职业技术学院、北京华航唯实机器人科技有限公司等校企联合开发，由广东松山职业技术学院的李福运、魏志丽和北京华航唯实机器人科技有限公司的林燕文担任主编，北京华航唯实机器人科技有限公司的陈南江为副主编，北京华航唯实机器人科技有限公司的罗红宇为主审。参与编写的还有北京华航唯实机器人科技有限公司教育资源部的工程师们。

由于作者水平有限，书中遗漏之处欢迎各位读者批评指正。

在编写过程中，作者参阅了国内外相关资料，在此向原作者表示衷心的感谢。

编　者

2016 年 7 月

增值服务说明

本书为读者免费提供配套资料，以二维码的形式印在各章节标题后，请扫描二维码下载。读者也可以通过以下网址从“学徒宝”学习其他相关资料：http://www.xuetubao.com。

二维码使用提示：手机安装有“学徒宝”App 的用户可以扫描并登录注册学习本书中视频；未安装“学徒宝”App 的用户建议使用带有扫一扫功能的软件直接扫描学习。

配套资料下载或与本书相关的其他问题，请咨询理工图书分社，电话：(010)82317036，(010)82317037。

目　录

项目一　工作站概述

工业机器人多工艺装调实训工作站可以教授工业机器人的基本结构、基础操作、参数配置、在线示教编程、简单语言编程、工具更换、复杂轨迹规划及编程、模拟搬运码垛工艺应用、焊接工艺应用、数控加工工艺应用和离线编程应用等内容，是一种集多种教学功能实训模块为一体的综合教学设备，可进行基础教学实训、搬运码垛教学、焊接实训教学、数控加工实训教学和模拟涂胶实训教学等。工作站的关键设备及其组件包括：工业机器人、控制器、示教器和实训工作台等，如图 1－1 所示。

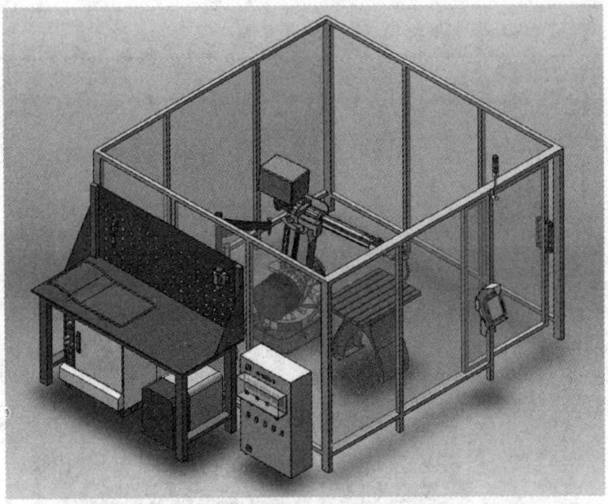

图 1－1　多工艺装调实训工作站示意图

任务一　认识工业机器人本体

认识工业机器人本体

【知识学习】

多工艺工作站采用的机器人型号为 ABB IRB 1410（以下简称 IRB 1410），如图 1－2 所示。此款机器人工作周期短、运行可靠，能大幅提高生产效率，在弧焊应用中历经考验，性能出众，附加值高，投资回报快。IRB 1410 手腕荷重 5 kg，上臂提供独有 18 kg 的附加荷重，可搭载各种工艺设备，其卓越的控制水平和高精度确保了出色的工作质量。

图 1－2　ABB IRB 1410 工业机器人本体

IRB 1410 的过程速度和定位均可调整，能达到最佳的制造精度，次品率极低，甚至达到零。它以坚固可靠的结构而著称，而由此带来的其他优势是噪声水平低、例行维护间隔时间长、使用寿命长。

此外，IRB 1410 的工作范围大，到达距离长，结构紧凑，手腕极为纤细，即使在条件苛刻、限制颇多的场所仍能实现高性能操作。它采用优化设计，设置送丝机走线安装孔，为机械臂搭载工艺设备提供便利。其标准的 IRC5 机器人控制器内置各项人性化弧焊功能，可通过专利的编程操作手持终端 FlexPendant(示教器)进行操控。机器人本体详细参数见表 1-1。

表 1-1　ABB IRB 1410 工业机器人本体详细参数

参数项	参数值
类型	6 自由度串联关节型
工作范围	1440 mm
有效载荷	5 kg
重复定位精度	0.05 mm
机器人手腕信号源	12 路

工业机器人底座采用优质碳钢材料焊接而成，防锈处理采用表面喷漆的处理方式，其颜色为深色，保持与工业机器人风格统一。固定方式采用地脚螺栓固定，如图 1-3 所示，可保证机器人安全可靠地运行。

图 1-3　机器人底座安装方式

任务二　认识工业机器人控制器

认识工业机器人控制器

【知识学习】

ABB 公司作为机器人控制器领域的行业标杆，凝聚 40 余年专业经验打造的控制器 IRC5 融合 ABB 独一无二的运动控制技术，拥有卓越的灵活性、安全性及模块化特性，提供各类应用接口和 PC 工具支持，能实现多机器人控制。机器人控制器 IRC5 如图 1-4 所示。

ABB IRC5 控制器具有如下几个特点：

(1) 安全至上

确保操作员安全是 IRC5 的一项主要优势。该产品满足一应标准规范，已获得全球多家第三方检验机构的认证。

电子限位开关和 SafeMove™ 均为新一代安全技术的典范，为兼顾机器人单元的安全性与灵活性创造了绝佳条件，在缩小占地面积、增强人机协作等方面都有卓越表现。

(2) 高速精准

IRC5 大幅提升了 ABB 机器人执行任务的效率。IRC5 以先进动态建模技术为基础，对机器人性能实施自动优化，如通过 QuickMove™ 和 TrueMove™ 技术分别缩短节拍时间和提高路径精度。

ABB IRC5 技术使机器人动作具有可预见性，进一步增强其运行性能，无须程序员参与调整，真正实现“所编即所得”。

图 1-4　ABB IRC5 控制器

(3) 适应性强

不论机器人应用于哪个国家，不论当地采用哪些监管标准，IRC5 都能应用自如。IRC5 兼容各种规格电源电压，广泛适应各类环境条件。该控制器还能以安全、透明的方式与其他生产设备互联互通，其 I/O 接口支持绝大部分主流工业网络，以传感器接口、远程访问接口及一系列可编程接口等形成强大的联网能力。

(4) 灵活程控

所有 ABB 机器人系统均采用 ABB 可塑性极强的高级语言 RAPID™ 编程。RAPID™ 不仅提供一系列简单易用的基本功能，还可以设计出高度复杂的解决方案。作为一种真正意义的在线/离线通用编程语言，RAPID™ 支持结构化程序的编制，并拥有诸多先进特性，其强大的预置功能可轻松应对焊接、装配等常见机器人工艺应用的开发。

(5) 性能可靠

IRC5 质量过硬，基本实现了免维护，无故障运行时间远超同类产品。一旦发生意外停止，其内置的诊断功能有助于及时排除故障、恢复生产。

IRC5 还配备远程监测技术——ABB 远程服务。先进的诊断功能可迅速完成故障检测，并提供机器人状态终生实时监测，显著提高生产效率。

ABB IRC5 控制器详细参数见表 1-2。

表 1-2　ABB IRC5 控制器详细参数

参数项	参数值
控制器硬件	多处理器系统
	PCI 总线
	大容量闪存盘
	防掉电备用电源
	U 盘接口
控制软件	成熟的实时操作系统
	高级 RAPID 程序语言
	PC-DOS 文件格式预装软件(以 DVD 为载体)
	支持运行 ROBOTWARE5.0 以上的版本控制软件

续表 1-2

参数项	参数值
电源	三相四线 400 V(+10 %,-15 %),48.5~61.8 Hz
额定功率	6 kV·A(变压器容量)
尺寸	970 mm×725 mm×710 mm
重量	150 kg

任务三　认识工业机器人示教器

认识工业机器人的示教器

【知识学习】

示教器又称示教编程器,实质上是一个专用的智能终端,主要由液晶屏幕和操作按键组成,是由操作人员手持进行移动操作。机器人所有的操作基本上都是通过示教器来完成的。

ABB 机器人公司出品的 Flex Pendant 示教器(见图 1-5)以简洁明了、直观互动的彩色触摸屏和 3D 操纵杆为设计特色,拥有强大的定制应用支持功能,可加载自定义的操作屏幕等要件,无须另设操作员人机界面,详细参数见表 1-3。

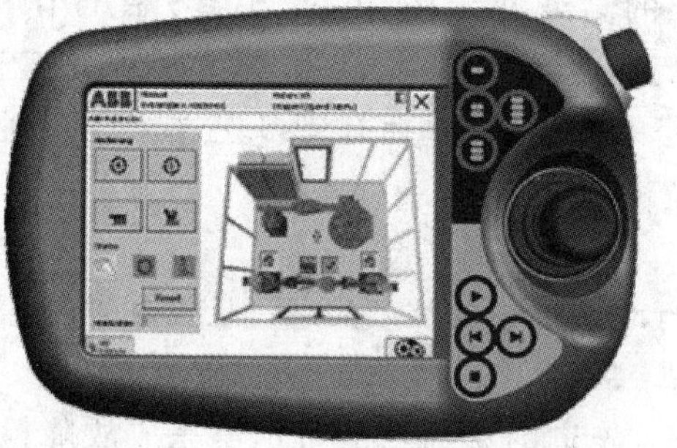

图 1-5　ABB Flex Pendant 示教器

表 1-3　ABB Flex Pendant 示教器详细参数

参数项	参数值
重　量	1 kg
防护等级	IP54
功　能	彩色触摸屏
	操纵杆
	12 键薄膜键盘
	热插拔
	支持惯用左/右手切换
	支持 USB 存储器

任务四　认识工业机器人多工艺实训工作台

认识工业机器人多工艺实训工作台

【知识学习】

实训工作台支座采用优质碳钢经滚弯后焊接而成,表面防锈处理采用喷漆的方式,工作面采用铸铁材料,为方便使用,布置了 T 型槽,并配套了简易工装,如图 1-6 所示。该工作台可以作为轨迹实训模块和搬运码垛实训模块的安装台面,也是焊接、数控的工件加工台面。

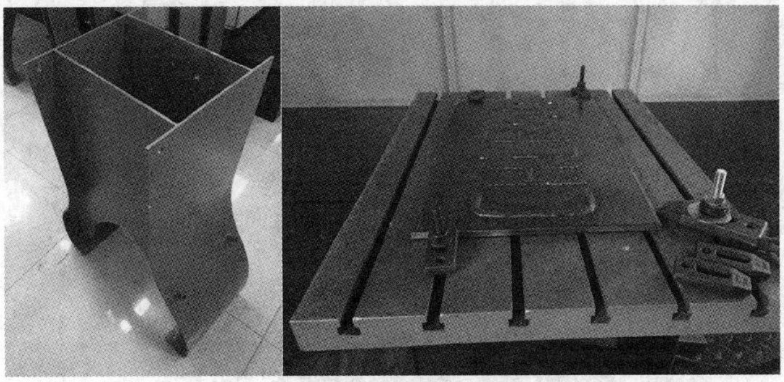

图 1-6　实训工作台

1. 轨迹实训模块

轨迹实训模块用来进行工业机器人基础培训，可完成工业机器人操作方式选择、速度调整、坐标系设定及手动操作机器人等基础操作实训。另外，也可以进行程序编写、启动执行程序和停止程序等运动编程实训，机器人零点设定及系统维护等技能实训，工具 TCP 标定、基坐标系设置、复杂运动轨迹编程等能力实训，还可进行模拟涂胶编程练习、模拟抛光编程练习、子程序练习等综合实训。

此实训模块对应的使用工具是气动抓手，如图 1-7 所示，它采用高性能气动驱动组件实现动作，结构材料采用铝合金并进行阳极氧化处理。气动驱动组件具体参数如表 1-4 所列。气动抓手主要功能有三种：在轨迹编程中用于加持笔形工具；在码放物体时用于抓取模拟物料；在模拟涂胶应用时用于抓取模拟工件。

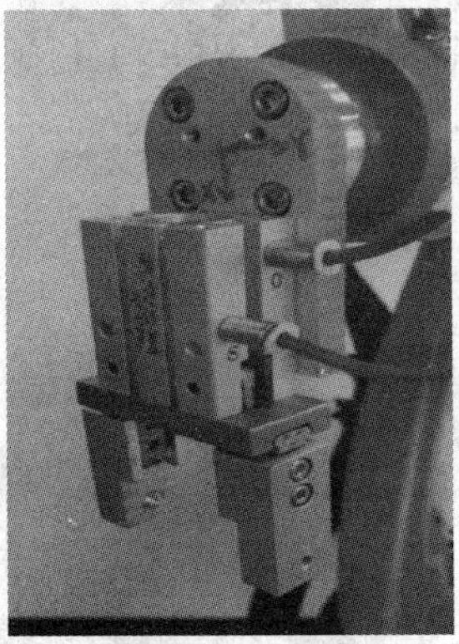

图 1-7　气动抓手

表 1-4　气动驱动组件参数

参数项	参数值
缸径	20 mm
使用流体	空气
使用压力范围	0.25～0.7 MPa
重复精度	±0.01 mm
润滑	不需要
开闭行程	18 mm

轨迹实训工作台采用的是 3D 工作面板，它的材料为不锈钢 ，由平面和拱形面构成，拱形面半径 300 mm，工作面上贴有绘制好的轨迹图，可以实现工业机器人基本操作、TCP 标定、建立工件坐标系、简单轨迹、连续轨迹和空间复杂轨迹编程等教学工作，如图 1-8 所示。

工作站的工具采用的是笔形工具，在其末端安装有快速更换接头，可以通过气动夹手实现不同笔形工具的快速更换，内置轴向浮动功能，防止误操作损坏设备，如图 1-9 所示。

工具库可同时存放 3 个笔形工具，其材料为铝合金，表面工艺采用发黑处理，它具有笔形工具的到位检测功能，如图 1-10 所示。

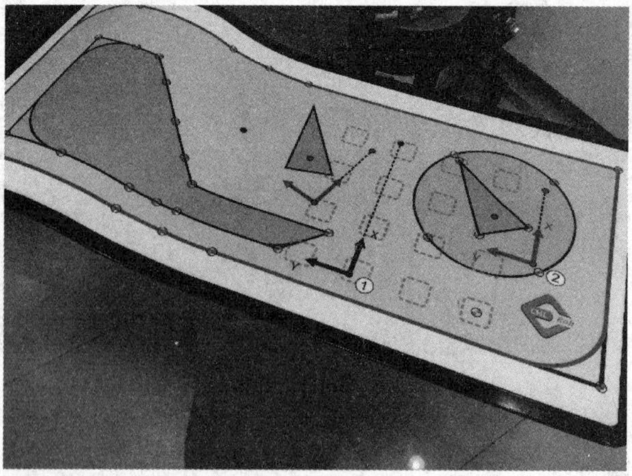

图 1-8　轨迹实训工作台

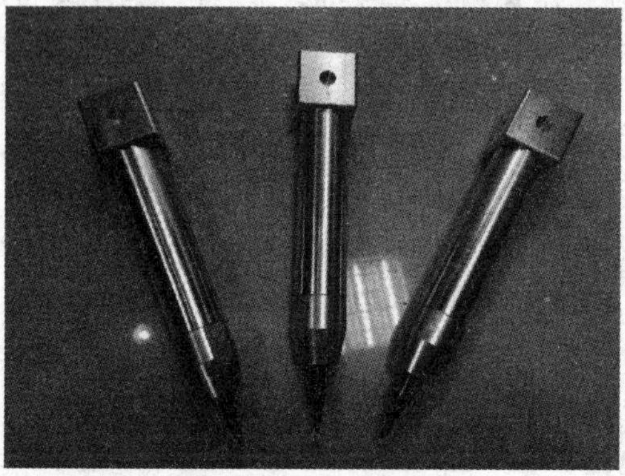

图 1-9　笔形工具

图 1-10　工具库

2. 模拟涂胶实训模块

工具架可用来进行涂胶模拟实训。外部固定工具位置模拟胶枪放置，工业机器人加持模拟工件完成涂胶工艺。工具架为碳钢材料，滚弯后焊接而成，表面防锈处理采用喷漆的处理方式，如图 1-11 所示。

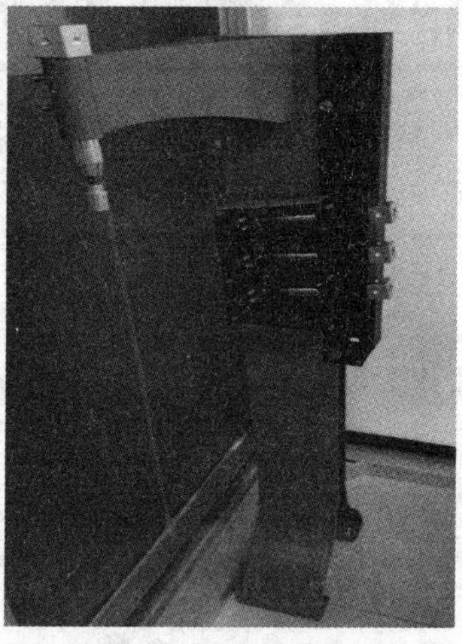

图 1-11　工具架

为丰富工业机器人应用，工作站提供了模拟涂胶工件，即弧形板。弧形板半径为 400 mm，如图 1-12 所示。通过气动夹爪夹持弧形板，再配合工具库上面安放的固定笔形工具，可实现工业机器人抓取工件及完成弧形板上轨迹轮廓的运动，并可用于进行模拟焊接、模拟涂胶、模拟抛光等的教学操作。

模拟胶枪固定在工具架上，末端附有快速更换接头，可以通过气动夹手实现不同笔形工具的快速变换，内置轴向浮动功能，防止误操作损坏设备，如图 1-13 所示。

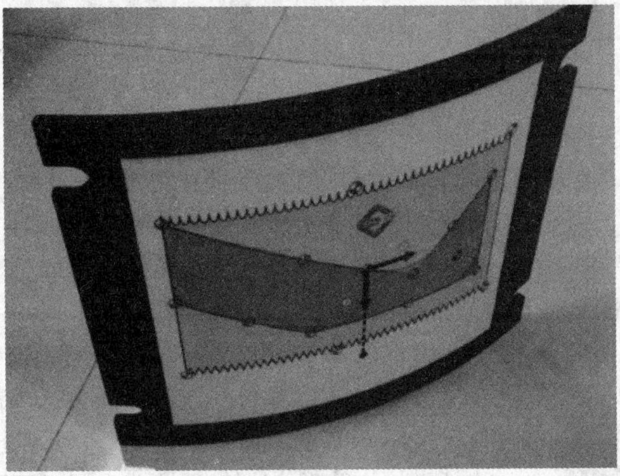

图 1-12　模拟涂胶工件

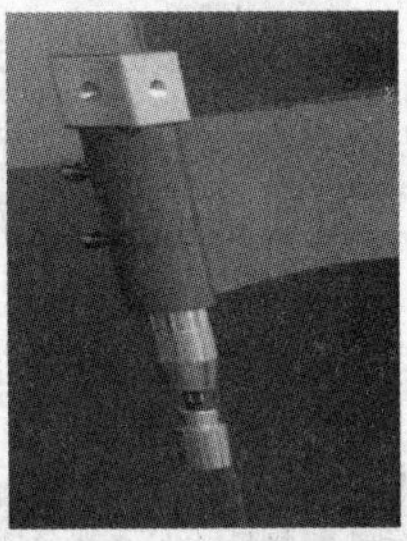

图 1-13　模拟胶枪

3. 焊接实训模块

焊接实训模块可满足工业机器人焊接工艺的实训教学，焊接工作台如图 1-14 所示。焊接实训模块采用松下公司的全数字 CO_2/MAG 焊机，型号为 YD-350GR，如图 1-15 所示。

图 1-14　焊接实训工作台

图 1-15　松下公司 YD-350GR 焊机

这种焊机具有以下优点：

(1) 在宽泛的电流范围内实现稳定的焊弧

通过全数字控制对电流状态进行极其精细的控制，实现持续稳定的焊接品质。松下公司独有的短路初期抑制技术（世界首创）实现了短路过渡的优化，可随意控制双面成形效果。采用 2 个高速演算 CPU，实现数字控制下的应答高速化，通过电流波形控制，有效抑制短路电流上升，改善短路过渡特性。通过数字技术可正确调整电弧电压降低陡度（电弧期间的线能量控制），实现对大熔滴成长的控制，改善焊接特性，有效降低飞溅。采用短路初期抑制技术获得了稳定的波形维持和周期性。

(2) 快捷顺畅的引弧

引弧时能快速启动电流,新 FTT 控制能在焊接结束时保持焊丝端部形状的均匀,使电弧快速启动。

(3) 自由设定的电弧特性

通过波形控制旋钮,可自由设定电弧的软硬程度,根据实际要求获得最适合的电弧状态。

(4) 操作方便的轻触式面板

面板布局简洁,符合用户使用习惯,操作非常方便。采用清晰直观的数字表,可显示预置电流和电压,焊接时显示实际焊接电流和电压的平均值。还可显示异常代码,便于快速查找异常原因。可通过面板上的软触按钮存储或调用 9 组焊接条件,每组焊接条件包括焊接电压、焊接电流、收弧电压、收弧电流、点焊时间、焊丝直径、焊丝种类、保护气体种类等状态数据。

图 1-16　松下 YW-35DG 送丝机

另外,为保证焊接质量,焊接实训模块包含高精度数字送丝装置,型号为松下 YW-35DG,如图 1-16 所示。送丝机采用感应电压反馈控制(IVF)专利技术,在加长电缆条件下大幅提高送丝力。带有编码器的送丝机能确保焊丝的精确送给,即使电源电压、送丝阻力等外部因素发生变化,仍能保证送丝稳定,确保焊机在不同环境都能再现相同的焊接条件。2 驱 2 从方式采用两点送丝,送丝力强劲,对不锈钢焊丝、药芯丝及加长焊枪都能实现稳定送丝。

焊枪是指焊接过程中执行焊接操作的部分,其使用灵活,方便快捷,工艺简单。焊枪利用焊机的高电流、高电压产生的热量聚集在焊枪终端,融化焊丝,融化的焊丝渗透到需焊接的部位,冷却后,被焊接的物体牢固地连接成一体。为保证焊接工艺质量,ABB 焊接机器人工作站选用松下配套的工业机器人专用焊枪,型号为 YT-35CS3VTA,如图 1-17 所示。

为保证焊接供丝稳定,焊接实训模块采用大直径焊丝盘,轴径为 50 mm,外径最大为 300 mm,宽度最大为 105 mm,满足一般焊接需求,如图 1-18 所示。

图 1-17　松下 YT-35CS3VTA 焊枪

图 1-18　焊丝盘

为充分模拟工业机器人在工厂真实环境下的焊接工艺应用，工作站配套了焊接专用的自动清枪站，采用德国 TBi 品牌，型号为 BRG-2-VD-DAE，如图 1-19 所示。自动清枪站主要作用为：清理机器人自动焊接工作过程中产生的粘堵在焊枪气体保护套内的飞溅物，以确保气体长期畅通无阻，有效地阻隔空气进入焊接区，保护焊接溶池、提高焊缝质量；清理导电嘴上焊烟产生的积尘；疏通清理连接管上保护气体的出气孔；给保护套喷洒耐高温防堵剂，降低焊渣对枪套、枪嘴的死粘连，增加耐用度；解决人手清理存在的问题，如减轻生产人员的工作量，避免人工清理不准时而影响焊接质量，避免人工清理时反复拆装保护套使保护套和连接管之间的接驳螺纹磨损，延长使用时间、降低成本，避免因螺纹磨损导致气体保护套安装歪斜、气体导偏而造成保护失效的情况发生。

图 1-19 德国 TBi BRG-2-VD-DAE 自动清枪站

德国 TBi 品牌 BRG-2-VD-DAE 型自动清枪站详细参数如表 1-5 所列。

表 1-5 德国 TBi BRG-2-VD-DAE 自动清枪站详细参数

参数项	参数值
功能	清枪、喷油、剪丝
程序控制	气动
清枪时间	4～5 s
最大可剪焊丝长度	1.6 mm
控制信号	数字量，U=24 V DC，I_{max}=0.15 A
防飞溅剂容量	500 ml
防飞溅剂喷射量	可调节
重量	14 kg

4. 搬运码垛实训模块

搬运码垛实训工作台主要用于完成工件从一端搬运至另一端的机器人运动。机器人搬运运动使用的工具是气动夹爪，如图 1-20 所示，用以实现工件在工作台上的抓取和搬运工作。气动夹爪的结构件采用铝合金材料，通过阳极氧化处理保证其使用寿命。气动驱动元件采用进口知名品牌，保证稳定的抓持力。

搬运工件材质为硬质泡沫，外形为方形，尺寸为 150 mm×150 mm×200 mm，如图 1－21 所示。

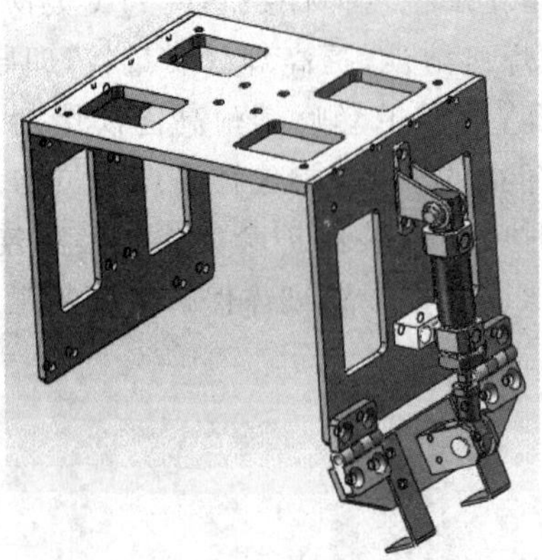

图 1－20　气动夹爪

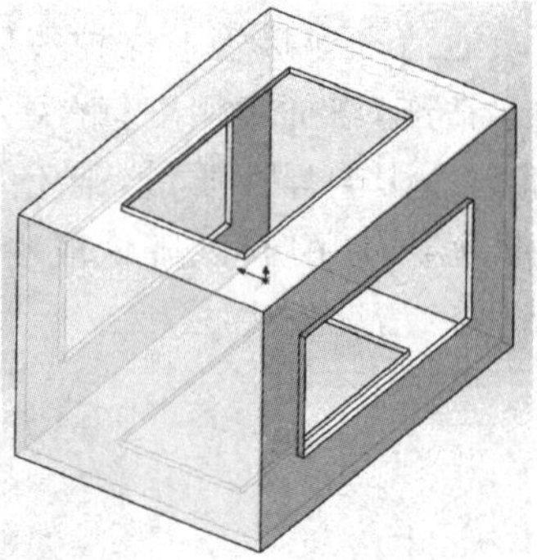

图 1－21　搬运工件

搬运料架材质为铝型材，尺寸为 500 mm×500 mm×200 mm，用于摆放搬运工件，如图 1－22 所示。

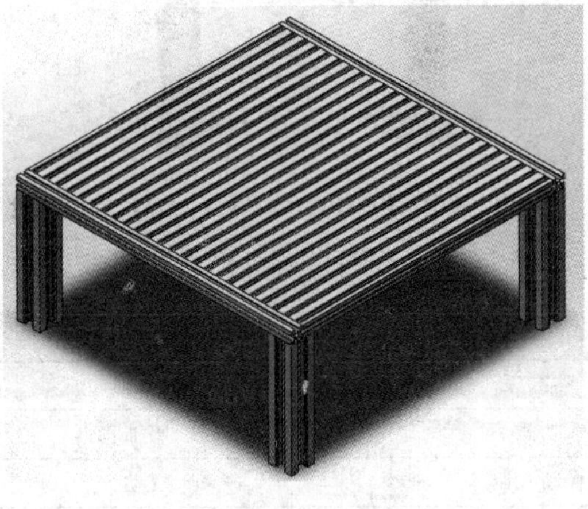

图 1－22　搬运料架

5. 数控加工实训模块

数控加工实训模块用于完成机器人模拟工件铣削加工等操作。在数控加工实训模块中，为保证电主轴与工业机器人稳定安装，定制了专用数控加工工具支架(见图 1－23)，可安装直径不小于 65 mm 的通用电主轴，材料采用优质铝合金，在确保优良结构强度的同时降低了自身重量，提高了加工可用负载，同时通过阳极氧化处理确保支架使用寿命，达到防锈目的。

数控加工模块采用韩国 AY 品牌高性能电主轴(见图 1－24)，它具有结构紧凑、重量轻、惯性小、噪声低、响应快等优点，并且其转速高、功率大，易于实现主轴定位，是高速主轴单元中的一种理想产品。电主轴轴承采用高速轴承技术，耐磨耐热，寿命是传统轴承的几倍。

电主轴的驱动采用配套的变频器实现，如图 1－25 所示，它无须进行过多的参数设置，便于实施使用。全新的软硬件设计，包含死区补偿功能，可实现低频率大输出转矩，提供高效的故障查询与记录功能，方便排除故障。独家电路设计使变频器对电源的污染降到最低，并可支持超高频率输出。

为满足数控加工要求，工作站提供了一套优质硬质合金刀具，如图 1-26 所示。刀柄直径 6 mm，刃径规格包括 $\Phi 2$ mm、$\Phi 6$ mm 两种，提供了立铣刀和球头铣刀两种，满足塑料、尼龙、木材等材料的加工。

图 1-23　数控加工工具支架

图 1-24　电主轴

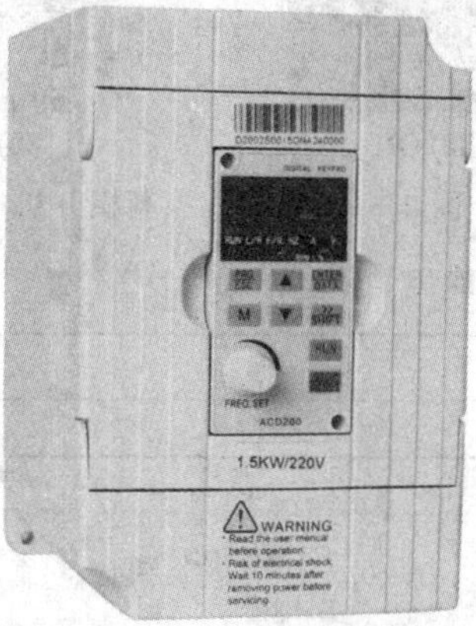

图 1-25　变频器

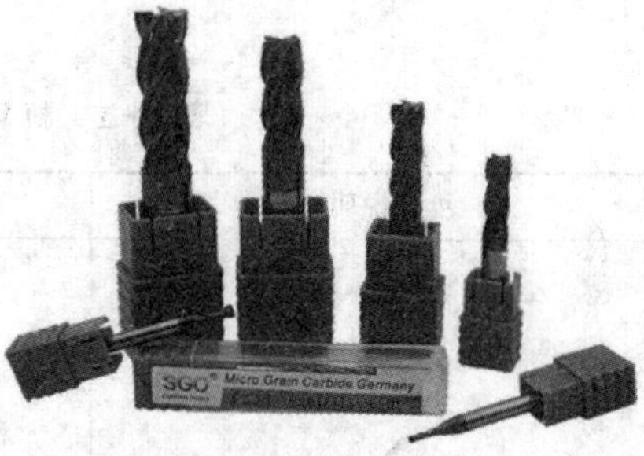

图 1-26　优质合金刀

项目二　工业机器人的基本操作

任务一　机器人的开关机

工业机器人
的开关机操作

【任务描述】

了解工业机器人的基本操作，完成机器人工作站的开机与关机操作。

【知识学习】

1. 开机操作

机器人实际操作的第一步就是开机，只要将机器人控制柜上的总电源旋钮从 OFF（见图 2－1(a)）扭转到 ON（见图 2－1(b)）即可。

2. 关机操作

机器人的关机操作步骤如表 2－1 所列。

(a) ON　　(b) OFF

图 2－1　机器人控制柜开机操作

表 2－1　机器人工作站关机操作

序　号	步骤说明	图　片
1	单击示教器界面左上角的主菜单按钮，然后单击“重新启动”按钮	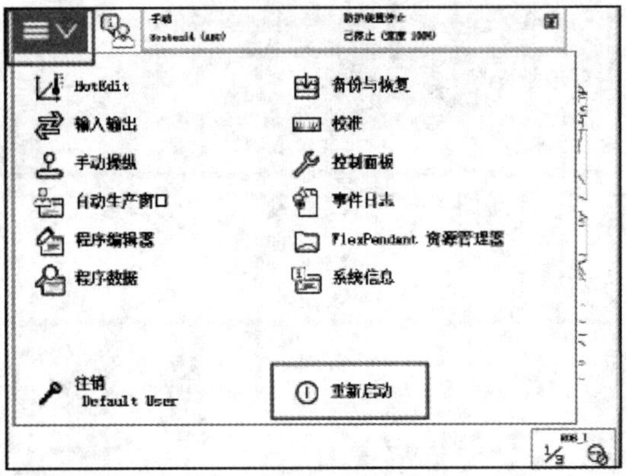

续表 2-1

<table>
<tr><th>序　号</th><th>步骤说明</th><th>图　片</th></tr>
<tr><td>2</td><td>在弹出的选择界面上，单击右下角的“高级…”按钮</td><td>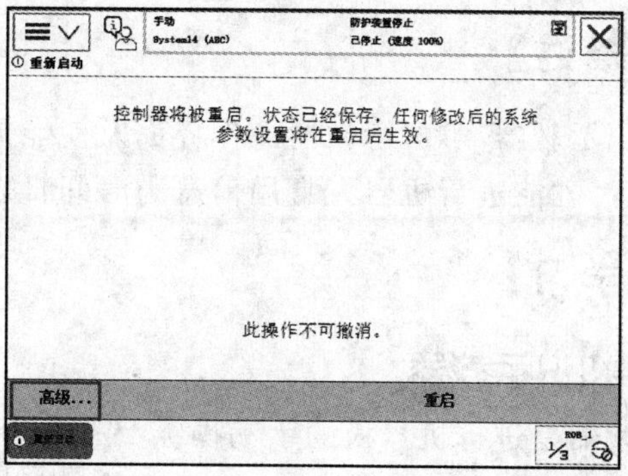
</td></tr>
<tr><td>3</td><td>在弹出的高级重启界面中，单击“关闭主计算机”，然后再单击“下一个”按钮</td><td>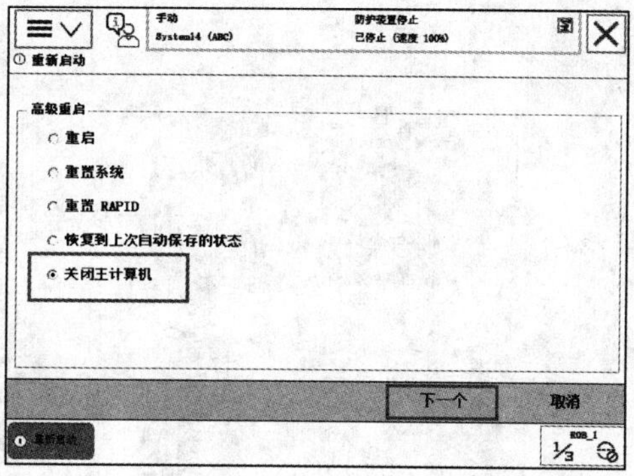
</td></tr>
<tr><td>4</td><td>在弹出的界面中选择“关闭主计算机”按钮</td><td>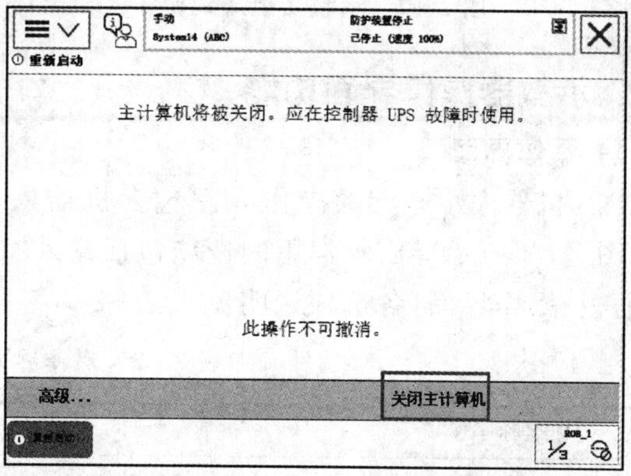
</td></tr>
<tr><td>5</td><td colspan="2">等待示教器屏幕变成白色时，将总电源开关从 ON 扭转到 OFF，就完成了对机器人的关机操作</td></tr>
</table>

任务二　示教器的使用与设置

示教器的
使用与设置

【任务描述】

认识示教器，掌握示教器操作界面及使能器按钮的功能与使用，完成示教器语言及系统时间的设置，并能进行机器人常用信息与时间日志的查看。

【知识学习】

1. 初识示教器

示教器是进行机器人的手动操纵、程序编写、参数配置以及监控用的手持装置，也是使用频率最高的控制装置。图 2－2 所示为示教器组成说明。

对于惯用手为右手的人来说，左手握示教器，四指按在使能器按钮上，右手进行屏幕和按钮的操作，如图 2－3 所示。

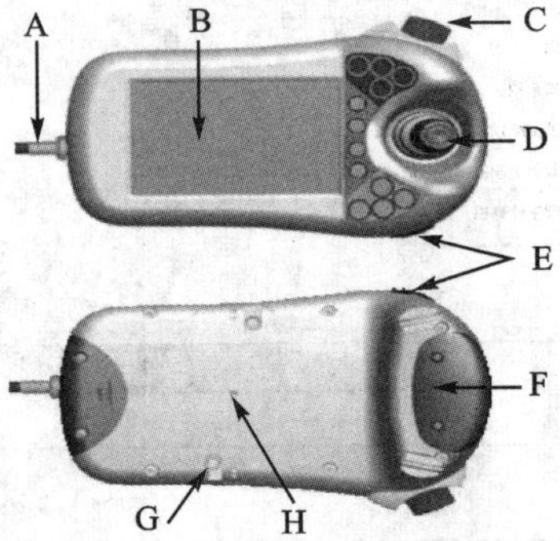

图 2－2　示教器组成说明

图 2－3　示教器把持方式

2. 示教器操作界面功能

(1) 操作界面

ABB 机器人示教器的操作界面包含机器人参数设置、机器人编程及系统相关设置等功能，如图 2－4 所示。比较常用的选项包括输入输出、手动操纵、程序编辑器、程序数据、校准和控制面板、操作界面，各选项说明见表 2－2。

表 2－2　操作界面各选项说明

选项名称	说　明
HotEdit	程序模块下轨迹点位置的补偿设置窗口
输入输出	设置及查看 I/O 视图窗口
手动操纵	动作模式设置、坐标系选择、操纵杆锁定及载荷属性的更改窗口，也可显示实际位置
自动生产窗口	在自动模式下，可直接调试程序并运行

续表 2-2

选项名称	说明
程序编辑器	建立程序模块及例行程序的窗口
程序数据	选择编程时所需程序数据的窗口
备份与恢复	可备份和恢复系统
校准	进行转数计数器和电机校准的窗口
控制面板	进行示教器的相关设定
事件日志	查看系统出现的各种提示信息
资源管理器	查看当前系统的系统文件
系统信息	查看控制器及当前系统的相关信息

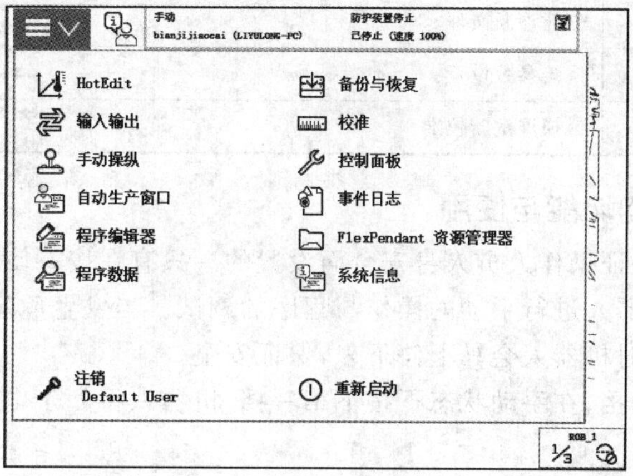

图 2-4 示教器操作界面

(2) 控制面板

ABB 机器人的控制面板包含对机器人和示教器进行设定的相关功能，如图 2-5 所示。各选项的说明见表 2-3。

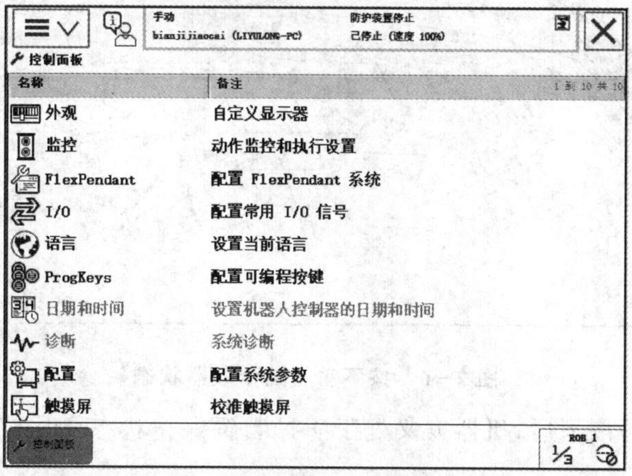

图 2-5 ABB 机器人控制面板

表 2-3　控制面板各选项说明

选项名称	说　明
外观	自定义显示器的亮度和设置左手或右手的操作习惯
监控	动作碰撞监控设置和执行设置
FlexPendant	示教器操作特性的设置
I/O	配置常用 I/O 列表，在输入输出选项中显示
语言	控制器当前语言的设置
ProgKeys	为指定的输入输出信号配置快捷键
日期和时间	控制器的日期和时间设置
诊断	创建诊断文件
配置	系统参数设置
触摸屏	触摸屏重新校准

3. 使能器按钮的功能与使用

使能器按钮是为保证操作人员人身安全而设置的。只有在按下使能器按钮并保持在电机开启的状态，才可对机器人进行手动的操作与程序的调试。当发生危险时，人会本能地将使能器按钮松开或按紧，这时机器人会马上停下来，保证安全。

使能器按钮分为两挡，在手动状态下按下第一挡，机器人将处于电机开启状态，如图 2-6 所示。

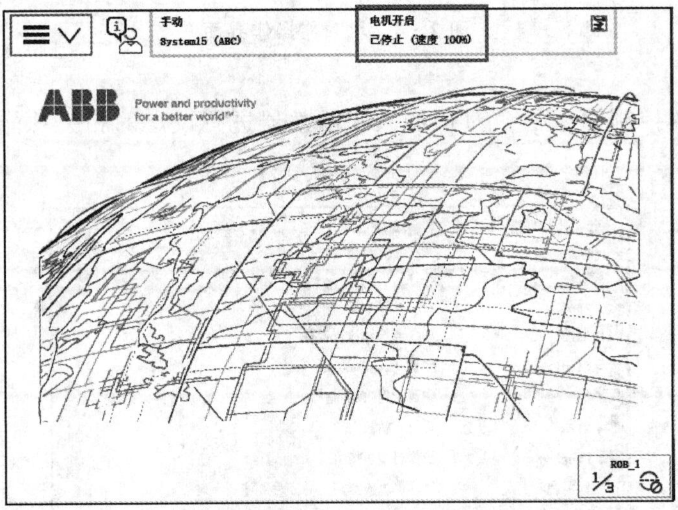

图 2-6　按下第一挡示教器状态

使能器按钮第二挡按下后，机器人又处于防护装置停止状态，如图 2-7 所示。

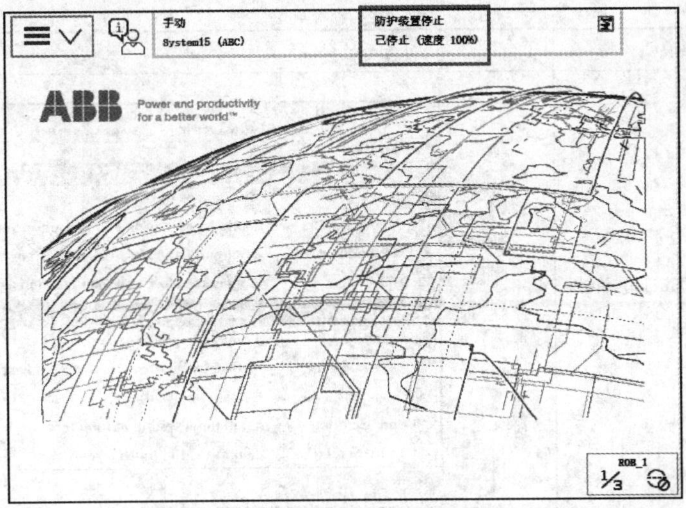

图 2-7　按下第二挡示教器状态

【任务实施】

1. 示教器的语言设置

示教器出厂时，默认的显示语言为英语，为方便操作，需将界面设置为中文，表 2-4 所列为设置语言的操作步骤。

示教器
语言设置

表 2-4　示教器语言设置步骤

序　号	步骤说明	图　片
1	单击示教器左上角的主菜单按钮，然后选择 Control Panel 选项	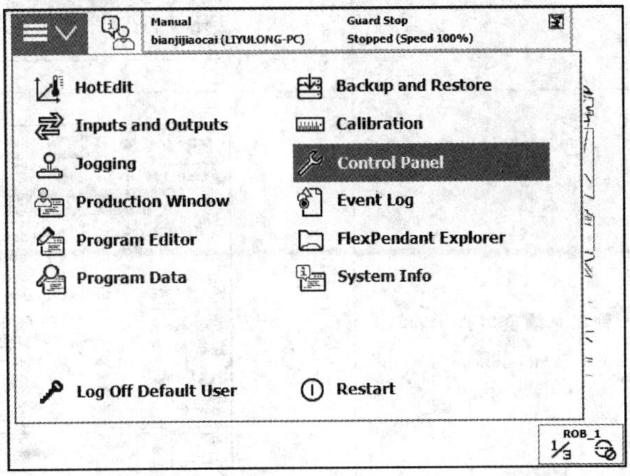

续表 2-4

序　号	步骤说明	图　片
2	在 Control Panel 中单击选择 Language	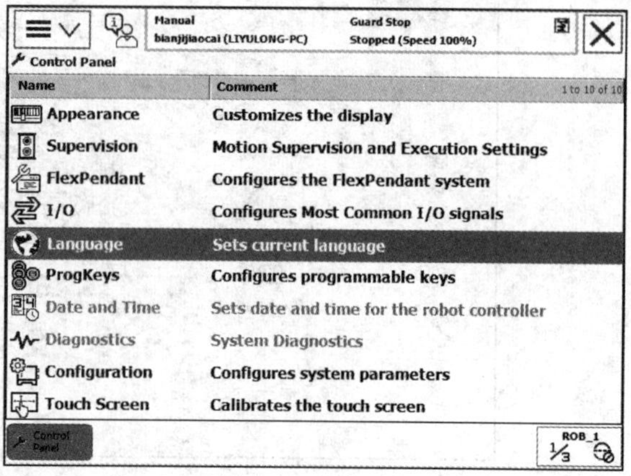
3	在弹出的各国家语言选项中选择 Chinese，然后单击 OK 按钮	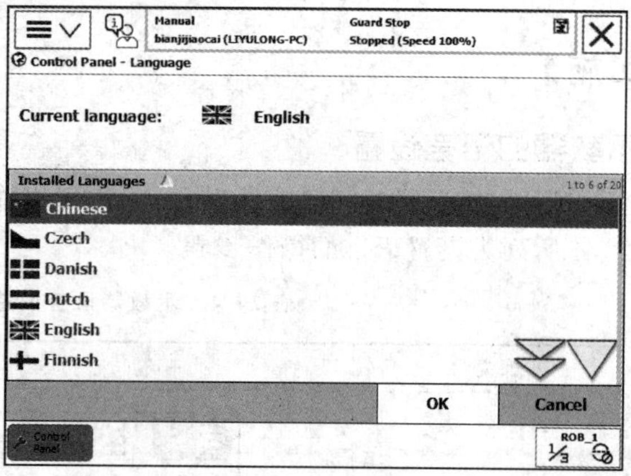
4	弹出系统重启提示，单击 Yes 按钮，系统重启	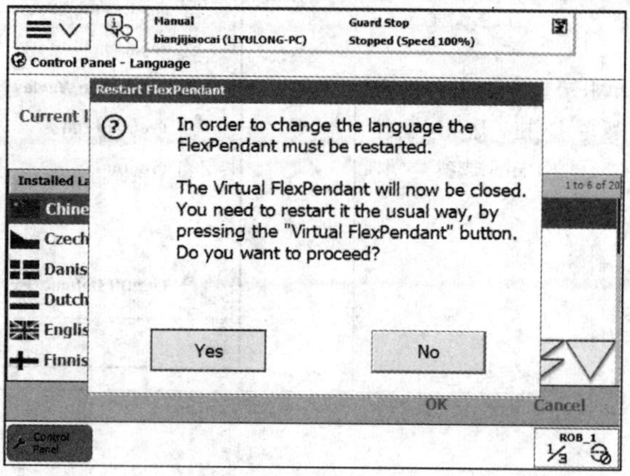

续表 2-4

序　号	步骤说明	图　片
5	系统重启后，再单击示教器左上角主菜单，就能看到菜单已切换成中文界面	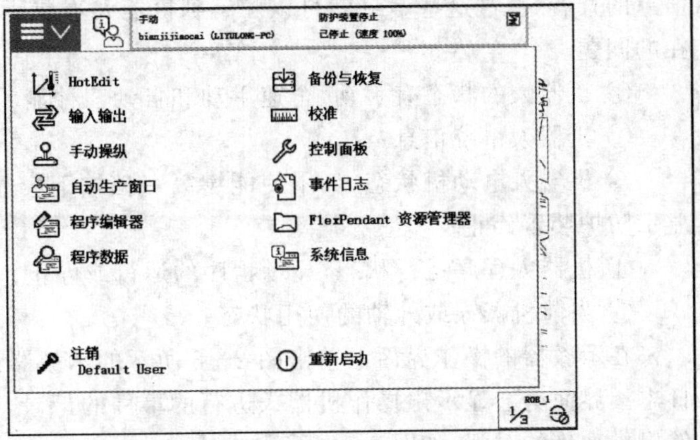

2. 设定机器人系统时间

为方便进行文件的管理和故障的查阅与管理，在进行各种操作之前要先将机器人系统的时间设定为本地时区的时间，具体操作见表 2-5。

机器人系统

时间设置

表 2-5　设定机器人系统时间操作步骤

序　号	操作说明	图　片
1	单击示教器左上角的主菜单按钮	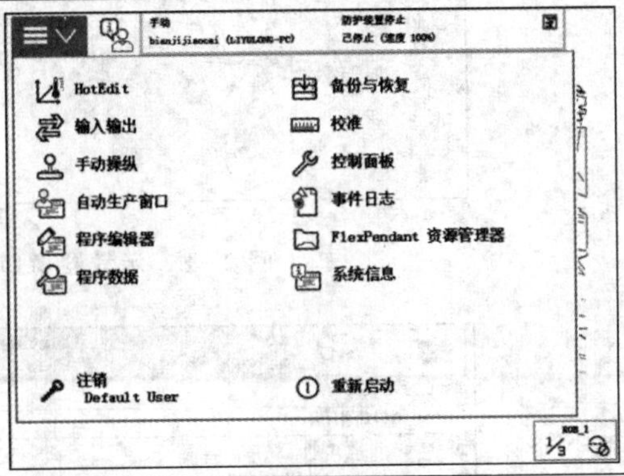
2	选择“控制面板”—“日期和时间”，进行时间和日期的修改	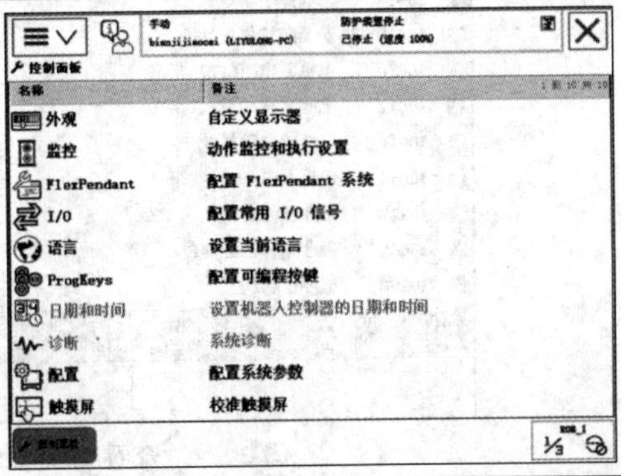

3. 机器人常用信息与事件日志的查看

在 ABB 机器人中，可以通过示教器画面上的状态栏进行机器人常用信息的查看，通过这些信息就可以了解到机器人当前所处的状态及一些存在的问题。

机器人常用信息与事件日志查看

① 机器人的状态有手动、全速手动和自动三种显示状态；

② 机器人系统信息；

③ 机器人电动机状态，如果使能键第一挡按下会显示电动机开启，松开或第二挡按下会显示防护装置停止；

④ 机器人程序运行状态，显示程序的运行或停止；

⑤ 当前机器人或外轴的使用状态。

在示教器的操作界面上单击图 2－8 所示的示教器窗口状态栏，就可以查看机器人的事件日志。界面上会显示出操作机器人进行的事件的记录，包括时间、日期等，以便为分析相关事件提供准确的时间，如图 2－9 所示。

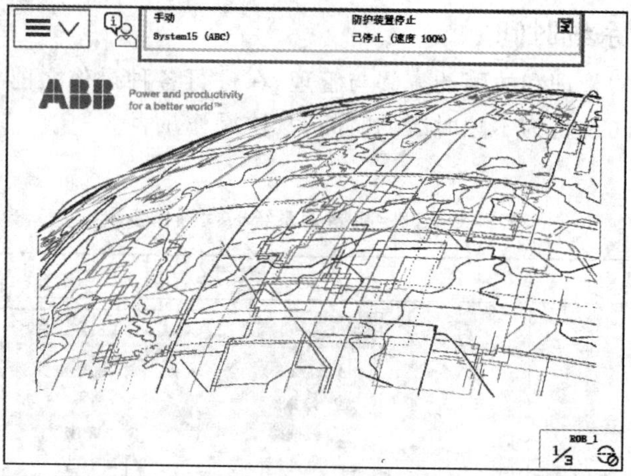

图 2－8 示教器窗口状态栏

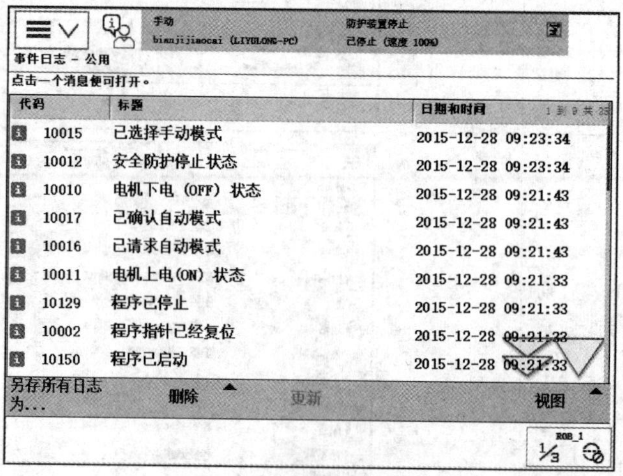

图 2－9 查看机器人日志信息

任务三　机器人数据的备份与恢复

机器人数据的备份与恢复

【任务描述】

掌握 ABB 机器人数据的备份与还原方法,完成相关数据的备份与还原。

【知识学习】

1. 数据备份

为防止操作人员对机器人的系统文件误删除,通常在进行机器人操作前先备份机器人系统,备份的内容是所有正在系统内存运行的 RAPID 程序和系统参数。而当机器人系统无法启动或重新安装新系统时,也可利用已备份的系统文件进行恢复,备份系统文件是具有唯一性的,只能将备份文件恢复到原来的机器人中去,否则将会造成系统故障。相关数据的备份操作步骤见表 2-6。

表 2-6　数据备份的操作步骤

序　号	步骤说明	图　片
1	单击示教器左上角主菜单按钮,选择“备份与恢复”	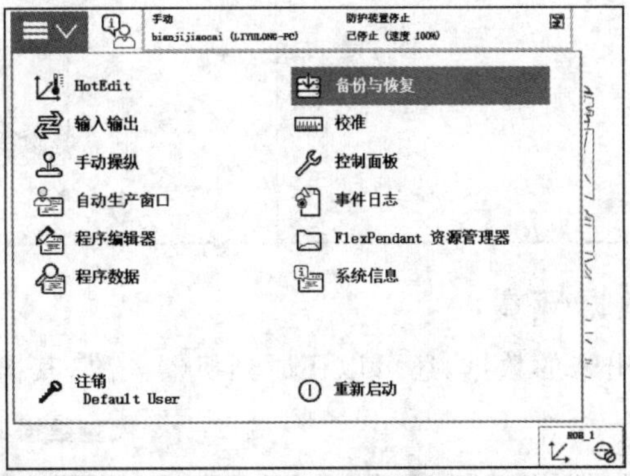
2	单击“备份当前系统…”按钮	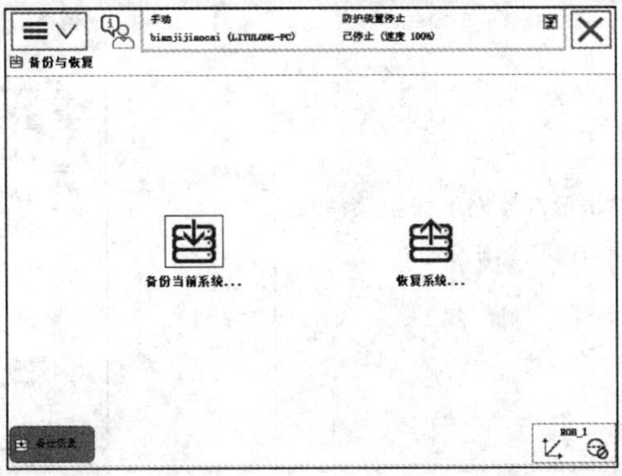

续表 2-6

序　号	步骤说明	图　片
3	在弹出的选择备份位置的界面上单击“ABC…”按钮，进行存放备份数据目录名称的设定；单击“…”，选择备份存放的位置（机器人硬盘或者 USB 存储设备），选择完成后单击“备份”进行备份的操作	
4	弹出等待界面，等待备份完成	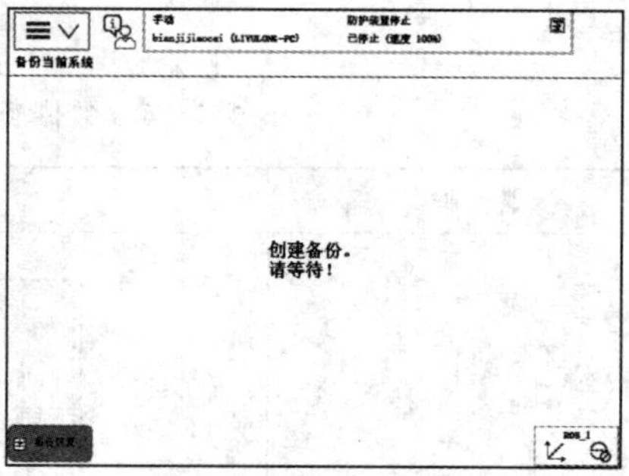

2. 数据恢复

备份出来的数据，还可以还原到机器人里，其操作步骤见表 2-7。

表 2-7　恢复数据的操作步骤

序　号	步骤说明	图　片
1	单击示教器左上角主菜单按钮，选择“备份与恢复”	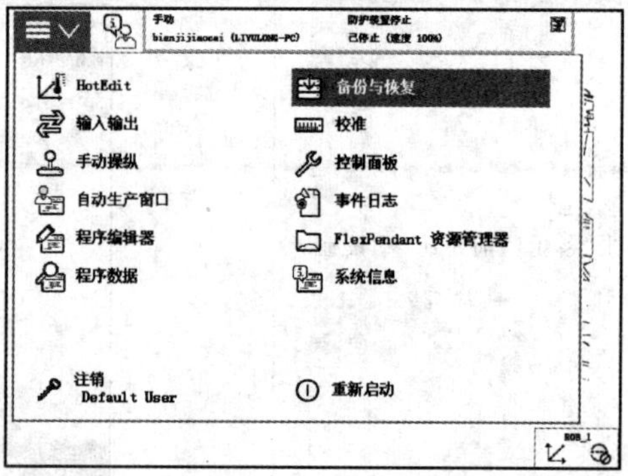

续表 2-7

序 号	步骤说明	图 片
2	单击“恢复系统…”按钮	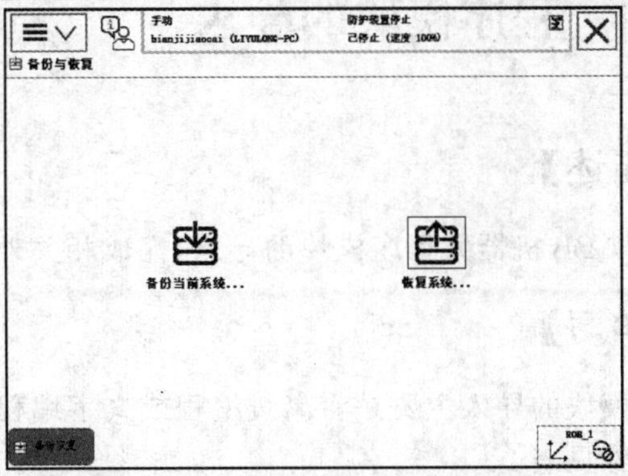
3	单击“…”选择备份存放的目录，然后单击“恢复”按钮完成系统的恢复	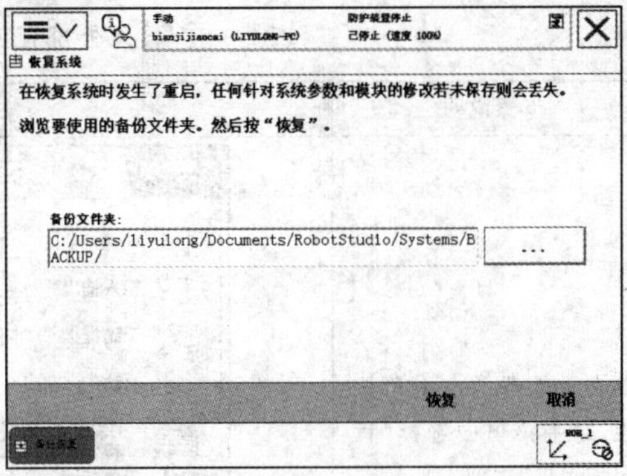
4	弹出提示界面，单击“是”按钮，系统会恢复到系统备份时的状态	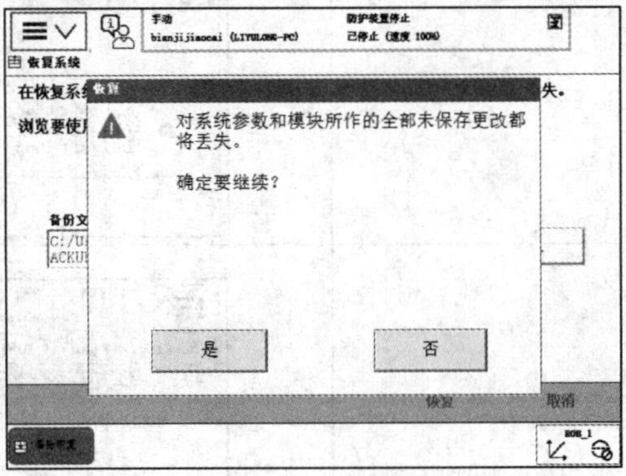
5	系统正在恢复，恢复完成后会重新启动控制器	

任务四　程序模块的导入

程序模块的导入

【任务描述】

掌握 ABB 机器人程序模块的导入，完成相关外部程序的导入。

【知识学习】

程序模块的导入主要是将离线编程或文字编程生成的代码，用 U 盘导入到机器人中。主要操作步骤见表 2-8。

表 2-8　导入外部程序的操作步骤

序　号	步骤说明	图　片
1	单击示教器的左上角按钮，在主菜单中选择“程序编辑器”选项	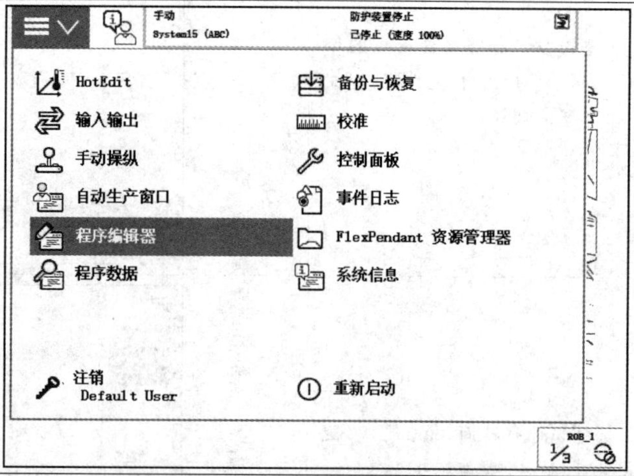
2	打开程序编辑器后，若示教器中没有程序，会弹出如右图所示的提示界面，单击“取消”，界面会显示系统模块	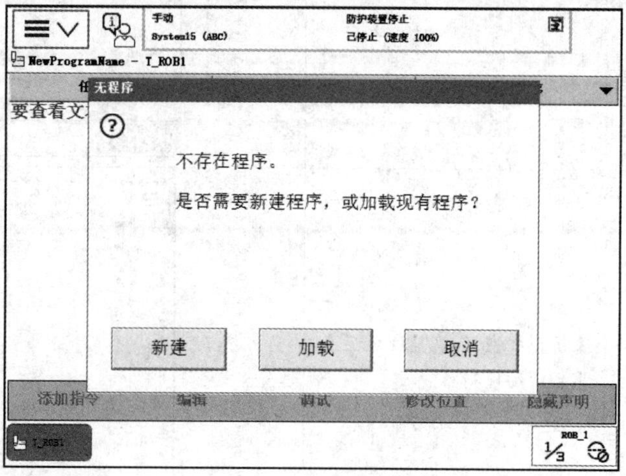

续表 2-8

<table>
<tr><th>序　号</th><th>步骤说明</th><th>图　片</th></tr>
<tr><td>2</td><td>打开程序编辑器后，若示教器中没有程序，会弹出如右图所示的提示界面，单击“取消”，界面会显示系统模块</td><td>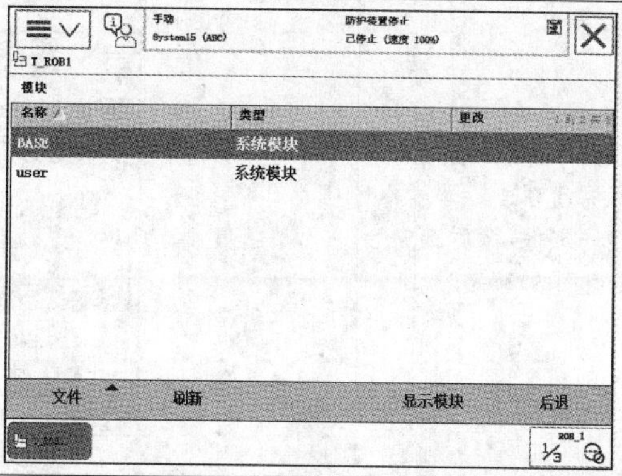
</td></tr>
<tr><td>3</td><td>U 盘插入，然后单击界面下方的“文件”，选择“加载模块”选项</td><td>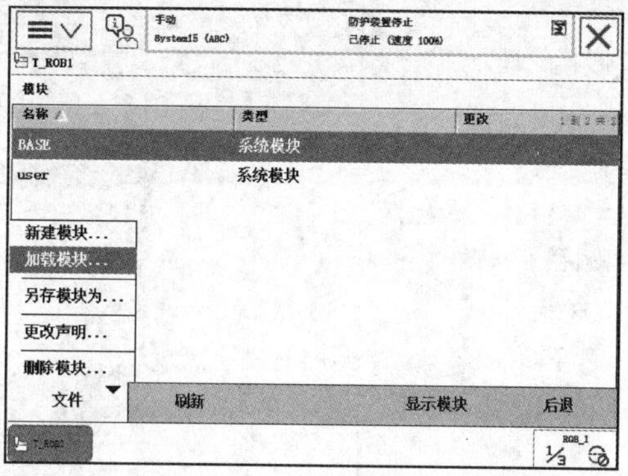
</td></tr>
<tr><td>4</td><td>弹出提示对话框，如右图所示，单击“是”继续操作</td><td>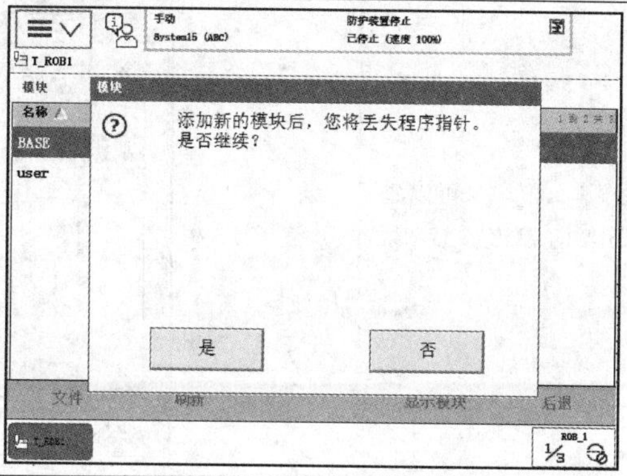
</td></tr>
<tr><td>5</td><td>界面出现所在系统所有的硬盘驱动器，如右图所示，选择 U 盘所属的硬盘，单击进入</td><td>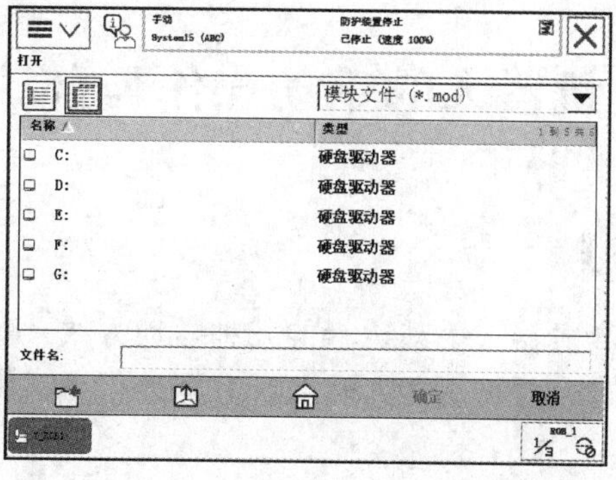
</td></tr>
</table>

续表 2-8

序　号	步骤说明	图　片
6	在U盘中找到需要导入的程序文件，然后选中，单击右图的“确定”按钮	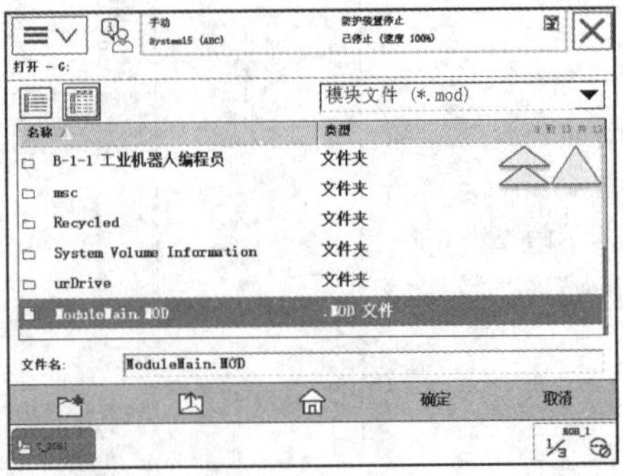
7	程序模块被导入到机器人中，如右图所示	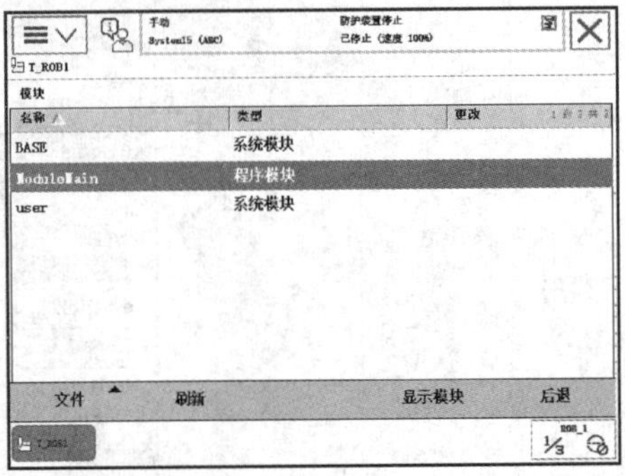
8	单击“显示模块”，可以查看导入的程序文件，见右图	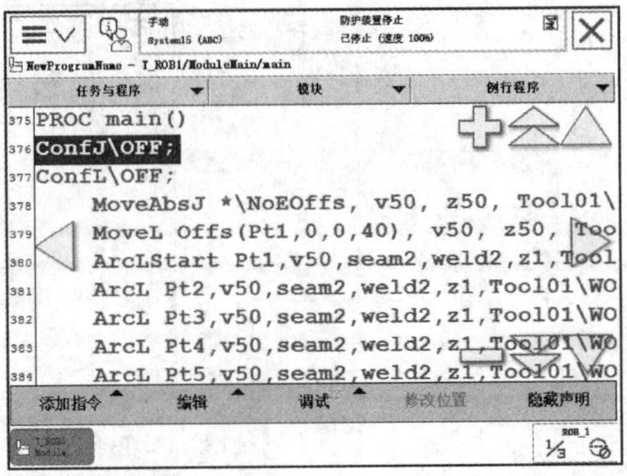

任务五　机器人的手动操作与自动运行

机器人的手动操作与自动运行

【任务描述】

了解ABB机器人手动运行的几种运动方式，掌握单轴运动、线性运动、重定位运动及自动运行的操作方法，并将机器人转数计数器进行更新操作。

【知识学习】

ABB机器人手动操作运动一共有三种模式：单轴运动、线性运动和重定位运动。下面介绍如何手动操作机器人进行这三种运动。

1. 单轴运动的手动操作

一般地，ABB机器人是由6个伺服电动机分别驱动机器人的6个关节轴，每次手动操作一个关节轴的运动称为单轴运动。图2－10所示为六轴机器人与1～6轴对应的关节示意图。单轴运动是每一个轴单独运动，所以在一些特别的场合使用单轴运动来操作会很方便快捷，比如在进行转数计数器更新的时候可以用单轴运动的操作，还有机器人出现机械限位和软件限位，也就是超出移动范围而停止时，可以利用单轴运动的手动操作，将机器人移动到合适的位置。单轴运动在进行粗略定位和较大幅度的移动时，相比其他的手动操作模式会方便快捷很多。

图2－10　六轴机器人与轴对应关系

表2－9所列为手动操作单轴运动的方法。

表2－9　手动操作单轴运动的方法

序　号	步骤说明	图　片
1	将机器人控制柜上的机器人状态钥匙切换到右图中间的手动限速状态	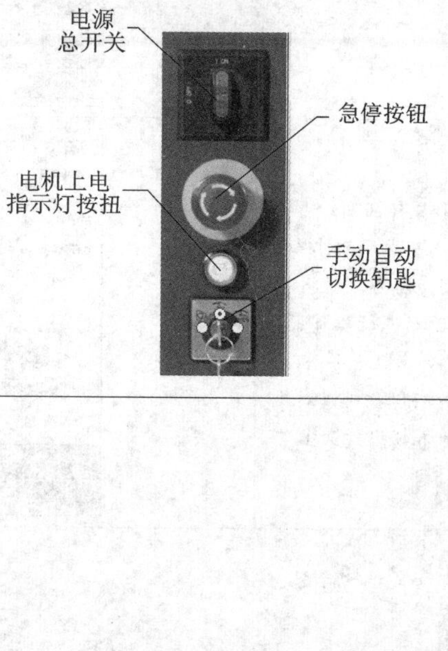

续表 2－9

序　号	步骤说明	图　片
2	在状态栏中，确认机器人的状态已经切换为手动，如右图所示	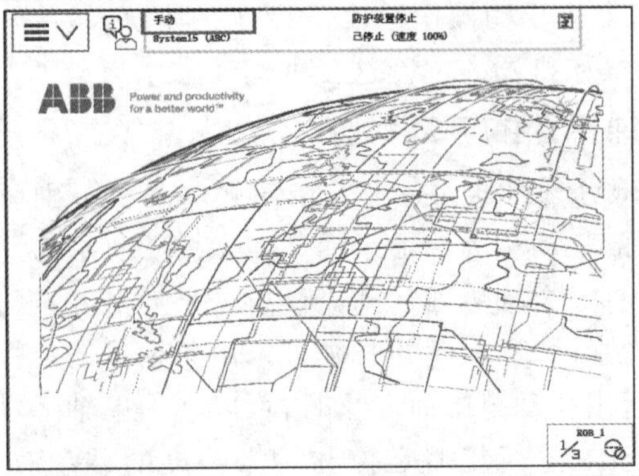
3	单击示教器左上角主菜单按钮，选择“手动操纵”选项	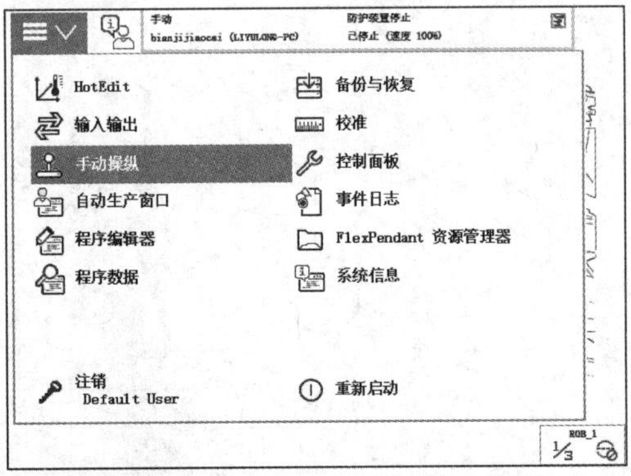
4	在手动操纵的属性界面，单击“动作模式”	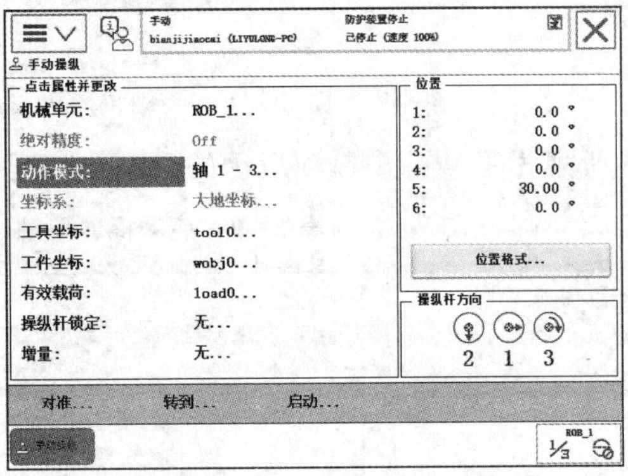
5	动作模式有四种，选中“轴 1－3”，然后单击“确定”按钮，就可以对机器人 1～3 轴进行操作；选中“轴 4～6”，然后单击“确定”按钮，就可以对机器人 4～6 轴进行操作	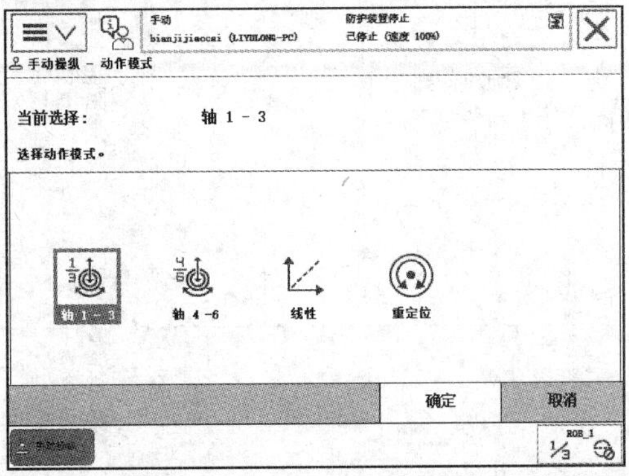

续表 2－9

序　号	步骤说明	图　片
6	用手按下使能器，并在状态栏中确认已正确进入“电机开启”状态；手动操作机器人控制手柄，完成单轴运动，如右图所示，图中右下角显示的是轴 1～3 的操纵杆方向，箭头方向代表正方向	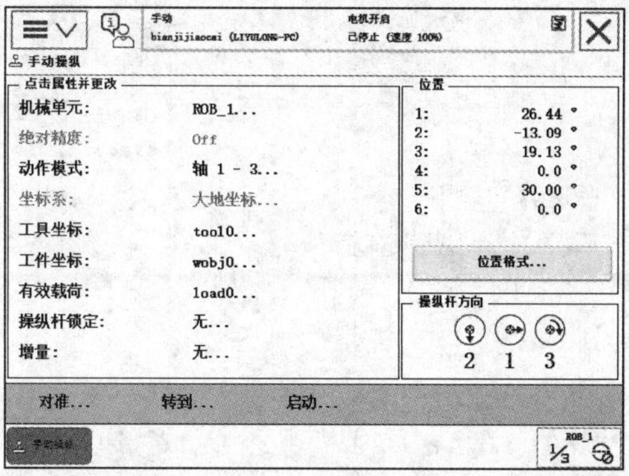

2. 线性运动的手动操作

机器人的线性运动是指安装在机器人第六轴法兰盘上工具的 TCP 在空间中作线性运动。线性运动是工具 TCP 在坐标系 X、Y、Z 方向上的线性运动，移动的幅度较小，适合较为精确的定位和移动。表 2－10 所列为线性运动的操作步骤。

表 2－10　线性运动的操作步骤

序　号	步骤说明	图　片
1	单击主菜单按钮，选择右图的“手动操纵”选项	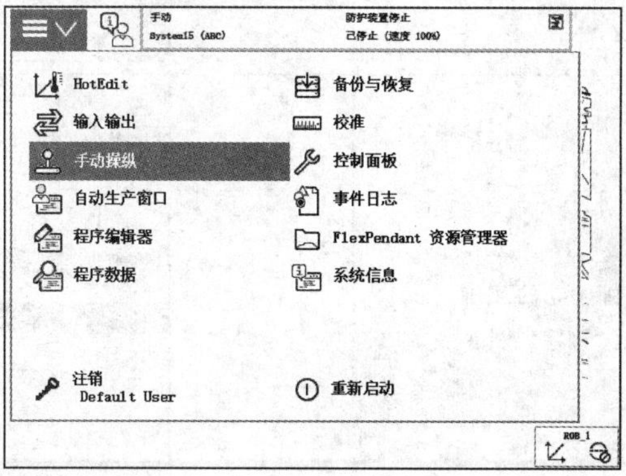
2	单击右图的“动作模式”	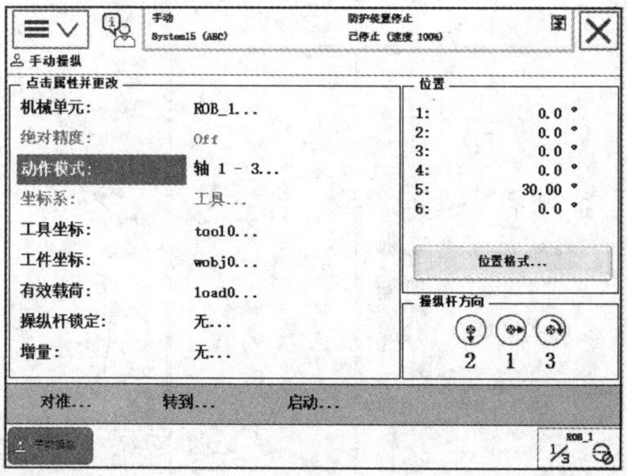

续表 2-10

序号	步骤说明	图片
3	在动作模式中选择“线性”，然后单击“确定”按钮	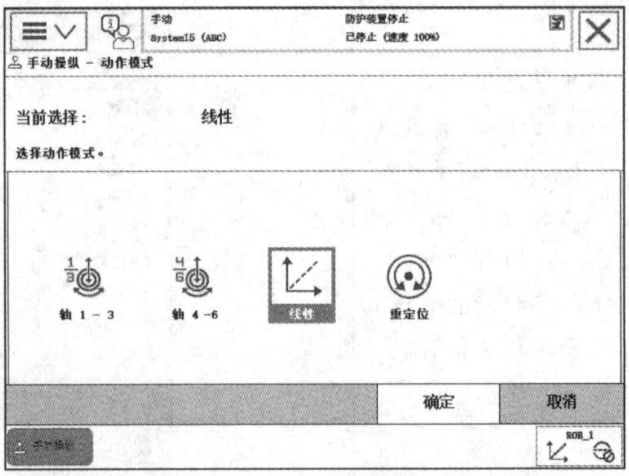
4	机器人的线性运动要在工具坐标中指定对应的工具，如右图所示，单击“工具坐标”	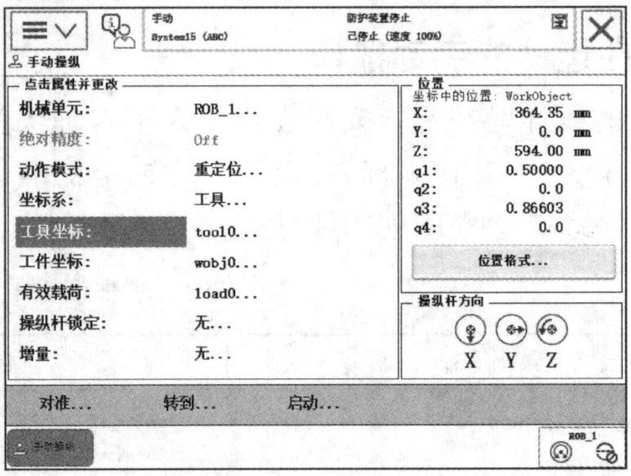
5	选中对应的工具 tool1，单击“确定”按钮	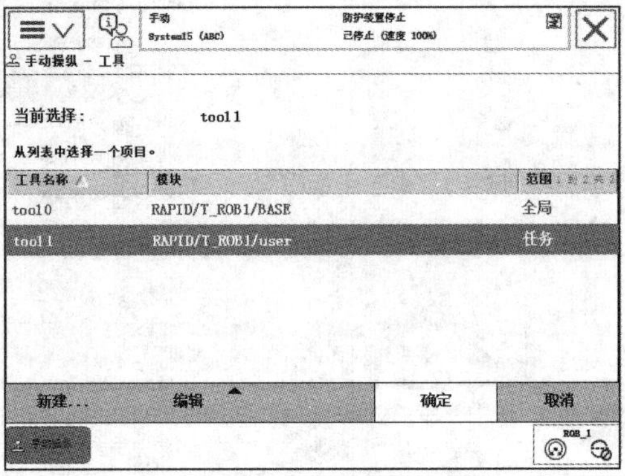
6	用手按下使能器，并在状态栏中确认已正确进入“电机开启”状态；手动操作机器人控制手柄，完成轴 X、Y、Z 的线性运动	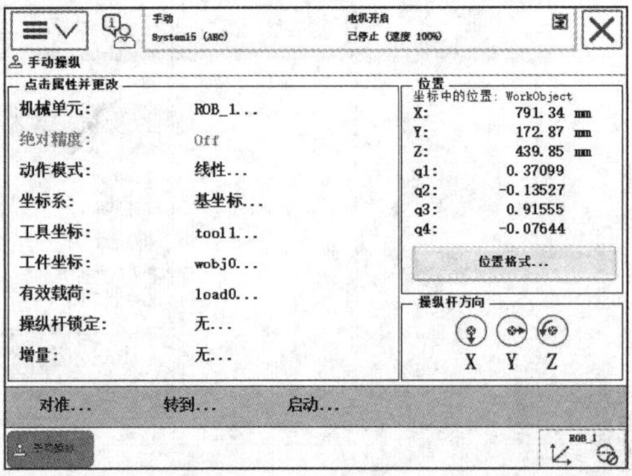

续表 2-10

序　号	步骤说明	图　片
7	操纵示教器上的操纵杆，工具的 TCP 点在空间中作线性运动	

如果对使用操纵杆通过位移幅度来控制机器人运动的速度不熟练的话，那么可以使用“增量”模式来控制机器人的运动。在增量模式下，操纵杆每位移一次，机器人就移动一步。如果操纵杆持续 1 秒或数秒，机器人就会持续移动。增量模式的操作步骤见表 2-11。

表 2-11　增量模式操作步骤

序　号	步骤说明	图　片
1	单击右图界面左上角的主菜单按钮，进入主界面，选择“增量”选项	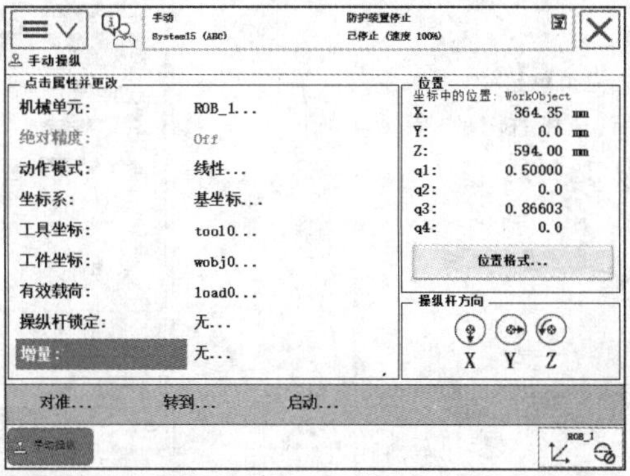
2	弹出选择增量模式的界面，如右图所示，根据需要选择增量的移动距离，然后单击“确定”按钮	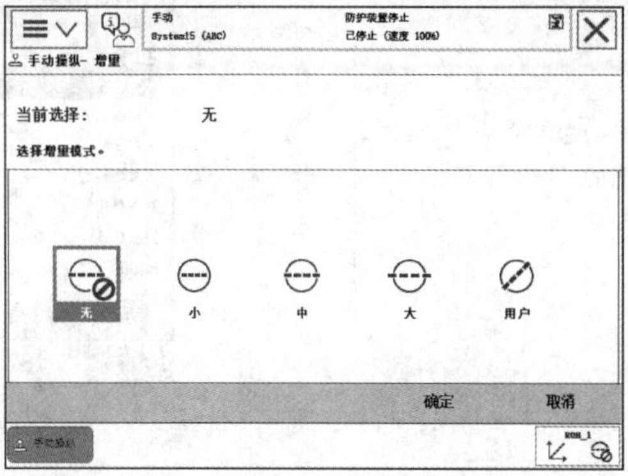

表 2-12 所列为增量的移动距离和角度大小。

表 2-12　移动距离与角度的增量

序　号	增　量	移动距离/mm	角度/°
1	小	0.05	0.005
2	中	1	0.02
3	大	5	0.2
4	用户	自定义	自定义

3. 重定位运动的手动操作

机器人的重定位运动是指机器人第六轴法兰盘上的工具 TCP 在空间中绕着坐标轴旋转的运动，也可以理解为机器人绕着工具 TCP 坐标轴作姿态调整的运动。

重定位运动的手动操作会更加全方位地移动和调整，表 2-13 所列为手动操纵重定位运动的步骤。

表 2-13　手动操纵重定位运动步骤

序　号	步骤说明	图　片
1	单击主菜单按钮，进入主界面，选择右图的“手动操纵”选项	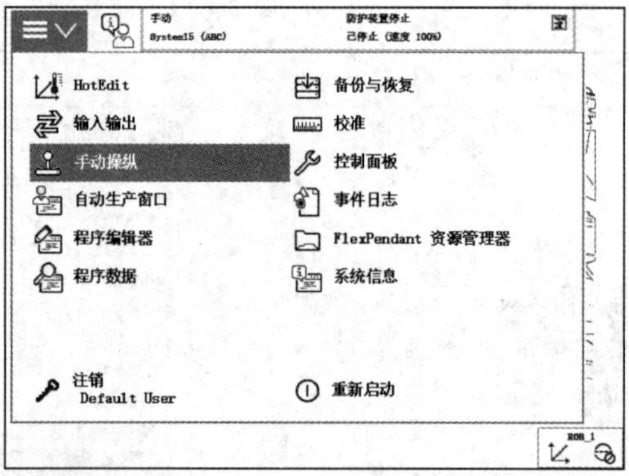
2	在手动操纵界面中，选择右图的“动作模式”选项	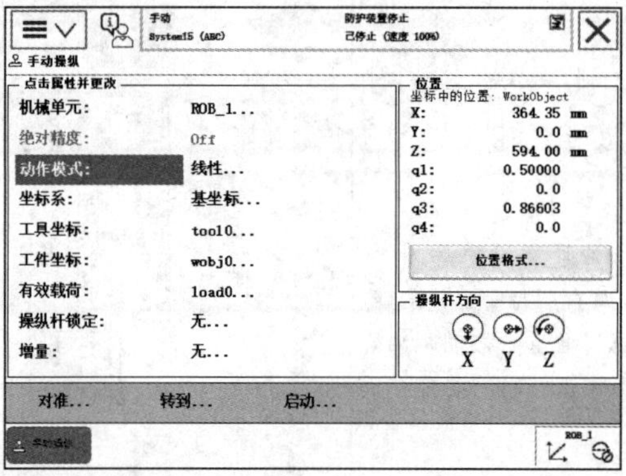

续表 2－13

<table>
<tr><th>序　号</th><th>步骤说明</th><th>图　片</th></tr>
<tr><td>3</td><td>在动作模式中选择右图的“重定位”，然后单击“确定”按钮</td><td>
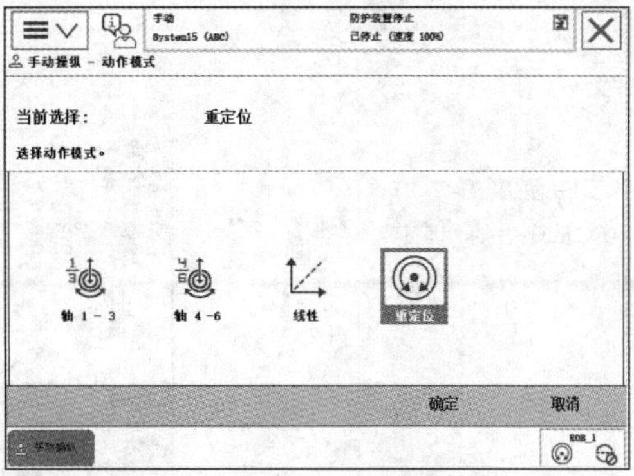

</td></tr>
<tr><td>4</td><td>单击右图的“坐标系”选项</td><td>
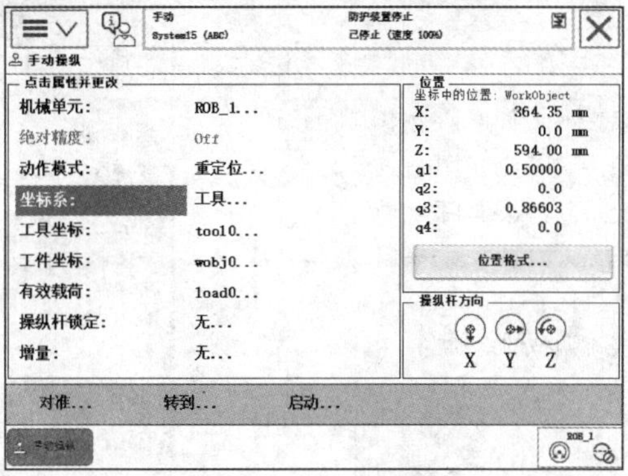

</td></tr>
<tr><td>5</td><td>在坐标系界面中，有 4 种坐标系，选中右图的“工具”，然后单击“确定”</td><td>
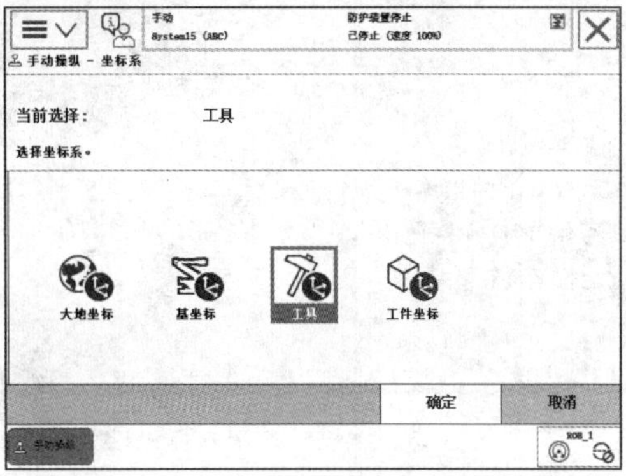

</td></tr>
<tr><td>6</td><td>单击右图的“工具坐标”选项</td><td>
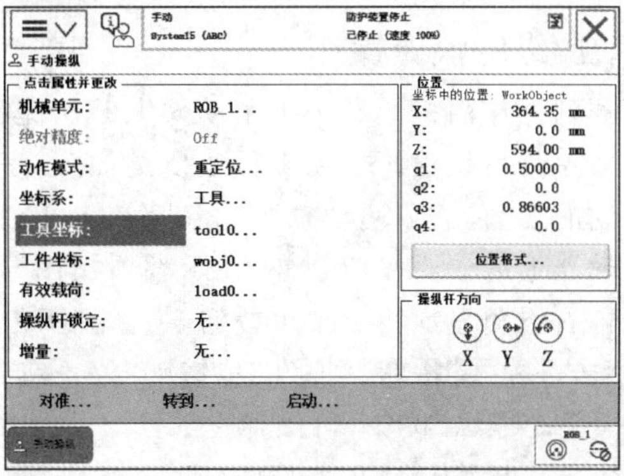

</td></tr>
</table>

续表 2-13

序　号	步骤说明	图　片
7	选中正在使用的 tool1，然后单击右图的“确定”按钮	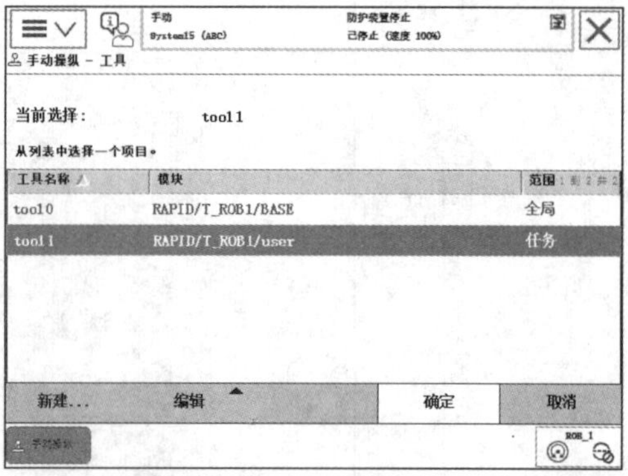
8	用手按下使能器，并在状态栏中确认已正确进入“电机开启”状态；手动操作机器人控制手柄，完成机器人绕着工具 TCP 点作姿态调整的运动	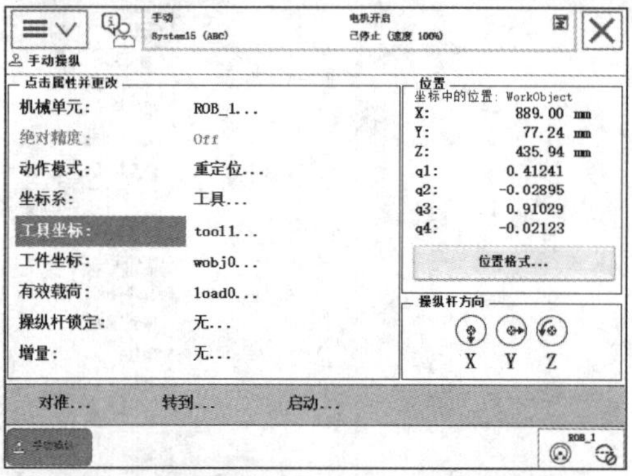
9	操纵示教器上的操纵杆，工具的 TCP 点在空间中作重定位运动	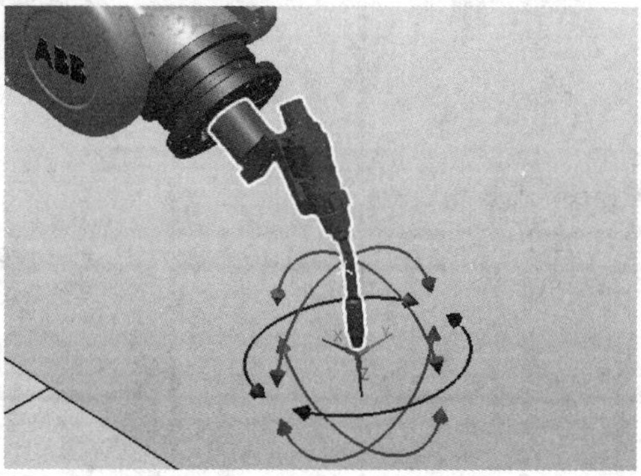

4. 手动操纵的快捷操作

在示教器的操作面板上有关于手动操纵的快捷键，方便在操作机器人运动时直接使用，不用返回到主菜单进行设置。手动操作快捷键如图 2-11 所示，有机器人外轴的切换、线性运动和重定位运动的切换、关节运动轴 1～3 轴和 4～6 轴的切换，还有增量运动的开关。

除了示教器上的快捷按钮之外，在示教器操作界面上同样有快捷菜单按键，如图 2-12 所示。单击屏幕右下角显示快捷菜单按钮，从上到下依次为“手动操纵”按钮、“增量”按钮、“运行模式”按钮、“步进模式”按钮、“速度”按钮和“停止/启动任务”按钮。

① 单击“手动操纵”按钮，可以弹出如图 2-13 所示的选项；单击“显示详情”展开菜单，如图 2-14 所示；可以对当前的“工具数据”“工件坐标”“操纵杆速度”“增量开/关”“碰撞监控开/

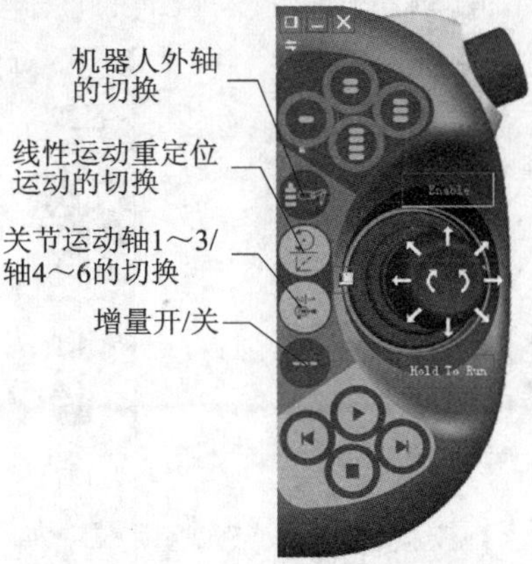

图 2-11　手动操作快捷按钮

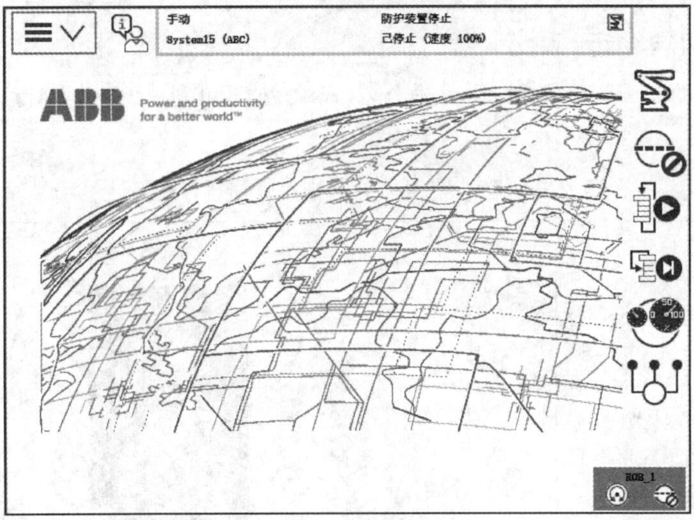

图 2-12　快捷菜单按键

关”“坐标系选择”“动作模式选择”进行设置。

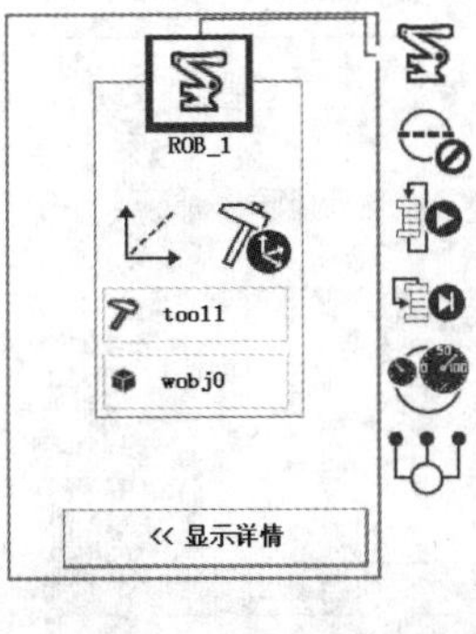

图 2-13　“手动操纵”界面

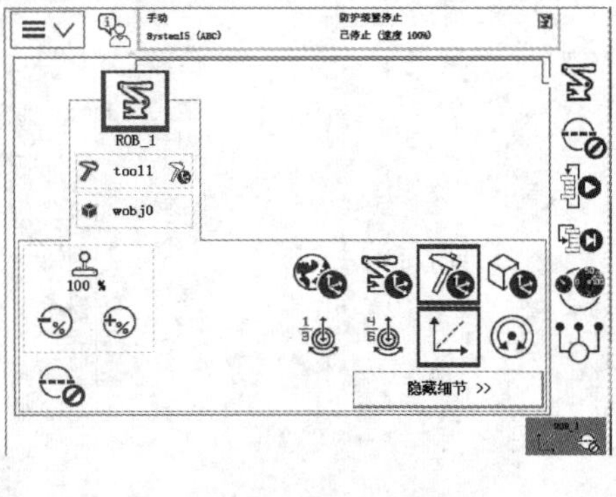

图 2-14　详情菜单项

② 单击“增量模式”按钮，选择需要的增量，如图 2-15 所示。如果是自定义增量值，可以

选择“用户模式”，然后单击“显示值”就可以进行增量值的自定义了。

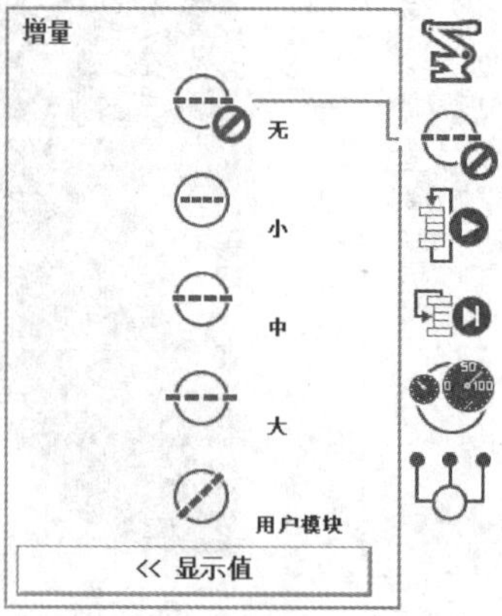

图 2－15　增量模式选择

5. 机器人的自动运行

ABB 机器人的运行方式，除手动操作模式之外还可进行自动运行，具体操作步骤见表 2－14 所示。

表 2－14　机器人自动运行操作步骤

序　号	步骤说明	图　片
1	在机器人程序调好的前提下，将机器人控制柜上的控制模式切换钥匙打到自动模式	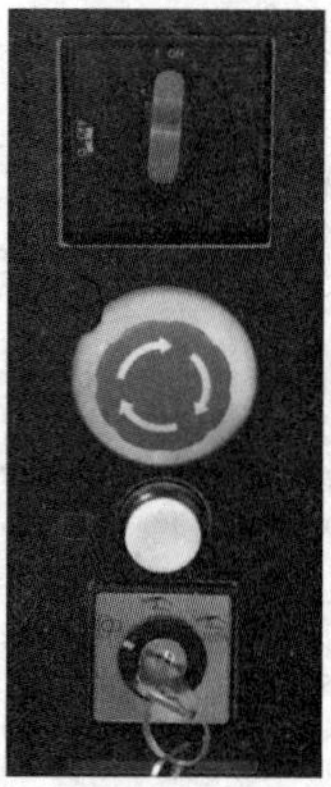
2	示教器上会弹出切换为自动模式提示，单击右图的“确定”按钮	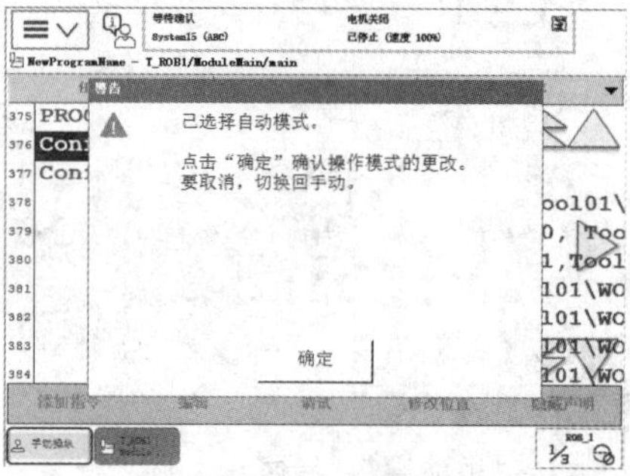

续表 2-14

序　号	步骤说明	图　片
3	按下右图的电机上电指示灯，使其处于常亮状态，然后按下运行按钮，程序开始自动运行	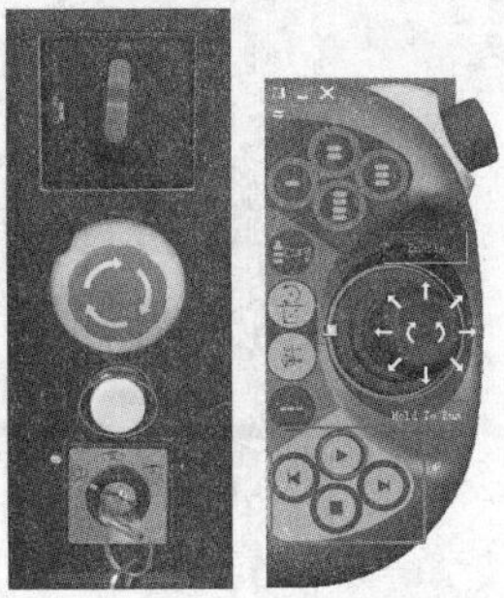

6. 转数计数器更新

机器人的转数计数器使用独立的电池供电，用来记录各个轴的数据。如果示教器提示电池没电，或者在断电情况下机器人手臂位置移动了，这时候需要对计数器进行更新，否则机器人运行位置是不准的。

转数计数器的更新是将机器人各个轴停到机械原点，把各轴上的刻度线和对应的槽对齐，然后在示教器进行校准更新。

ABB 机器人 6 个关节轴都是一个机械原点位置。在以下情况下，需要对机械原点的位置进行转数计数器更新操作：

① 更换伺服电机转数计数器电池后；

② 当转数计数器发生故障，修复后；

③ 转数计数器与测量板之间断开过以后；

④ 断电后，机器人关节轴发生了移动；

⑤ 当系统报警提示“10036 转数计数器更新”时。

表 2-15 所列为 ABB 机器人转数计数器更新的操作步骤。

表 2-15　转数计数器更新操作

序　号	步骤说明	图　片
1	分别通过手动操纵，选择对应的轴动作模式，“轴 4～6”和“轴 1～3”，按着顺序依次将机器人 6 个轴转到机械原点刻度位置，各关节轴运动的顺序为轴 4—5—6—1—2—3，各轴的机械原点刻度位置如右图所示，各个型号的机器人机械原点位置会有所不同，具体可以参考 ABB 随机光盘说明书	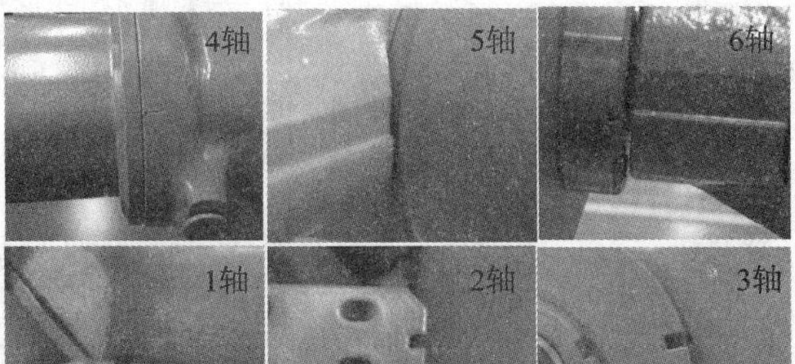

续表 2 - 15

序　号	步骤说明	图　片
2	在右图的主菜单界面选择“校准”	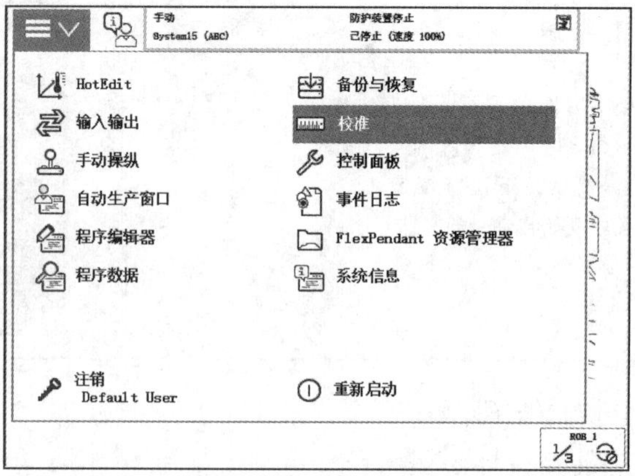
3	选择需要校准的机械单元，单击右图的 ROB_1 按钮	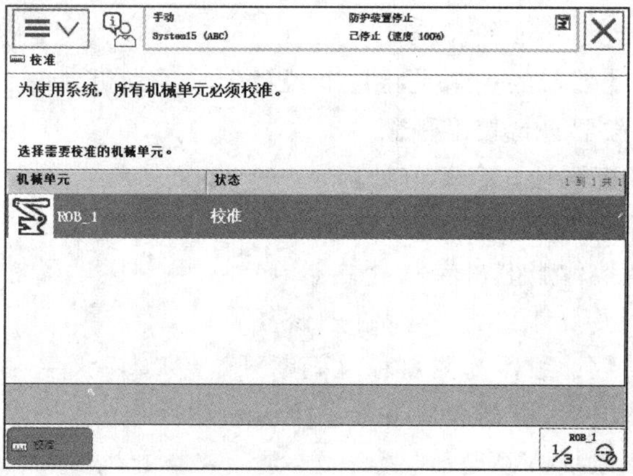
4	选择右图的“校准参数”选项	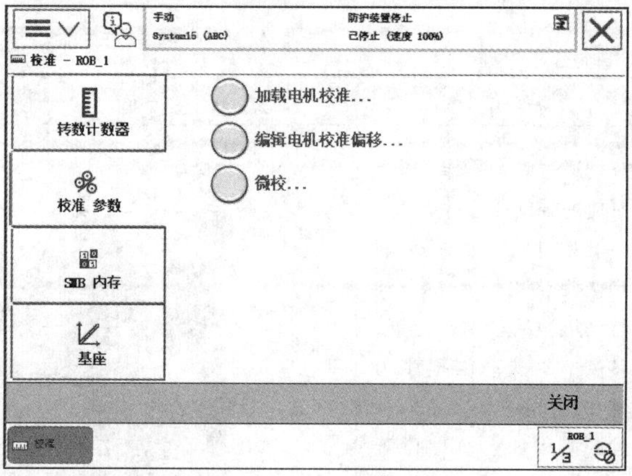

续表 2-15

序号	步骤说明	图片
5	选择右图的“编辑电动机校准偏移”选项	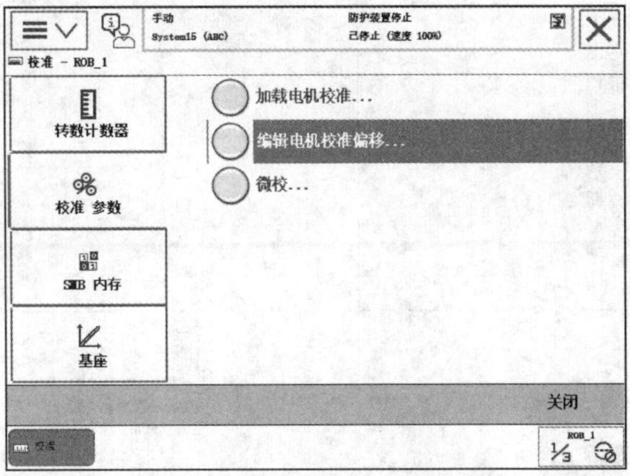
6	在弹出的对话框中单击右图的“是”按钮	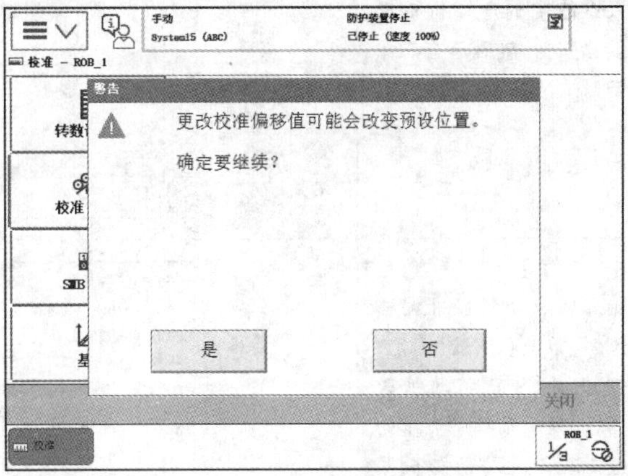
7	弹出编辑电机校准偏移界面，如右图所示，要对6个轴的偏移参数进行修改	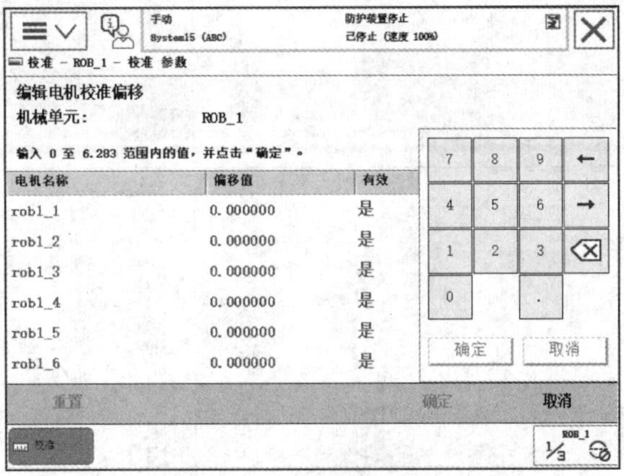

续表 2-15

<table>
<tr><th>序　号</th><th>步骤说明</th><th>图　片</th></tr>
<tr><td>8</td><td>将机器人本体上电动机校准偏移记录下来，如右图所示，参照参数对校准偏移值进行修改</td><td>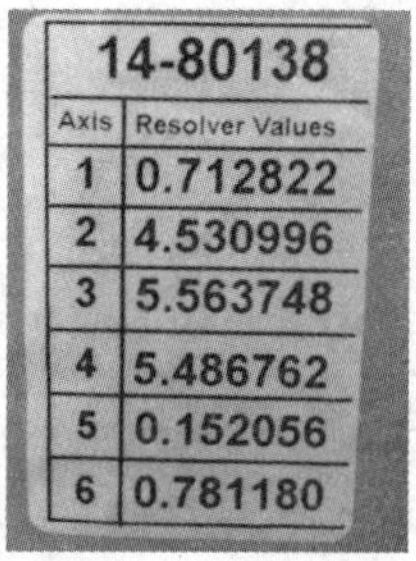
</td></tr>
<tr><td>9</td><td>单击偏移值，在编辑电动机校准偏移中输入机器人本体上的电动机校准偏移数据，然后单击右图键盘上的“确定”按钮</td><td>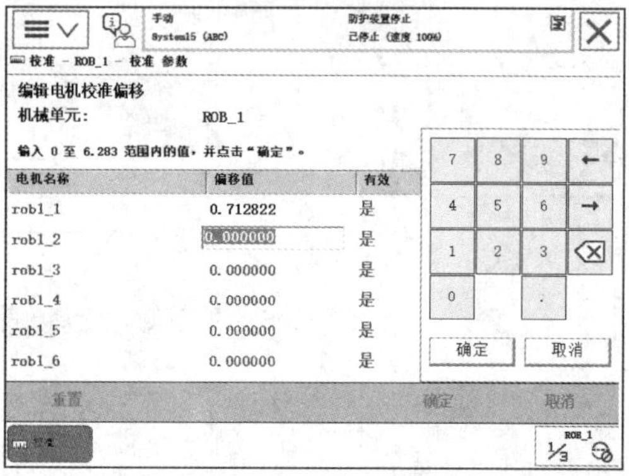
</td></tr>
<tr><td>10</td><td>输入所有新的校准偏移值后，单击右图的“确定”按钮，将重新启动示教器，如果示教器中显示的电机校准偏移值与机器人本体上的标签数值一致，则不需要进行修改，直接单击“取消”，跳到第14步</td><td>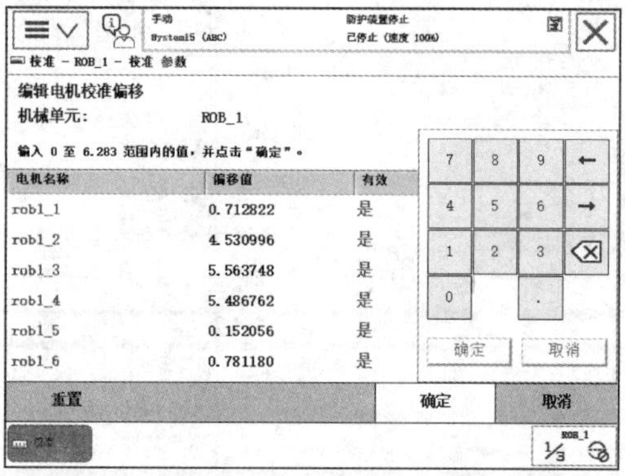
</td></tr>
<tr><td>11</td><td>在弹出对话框中单击“是”按钮，完成系统重启</td><td>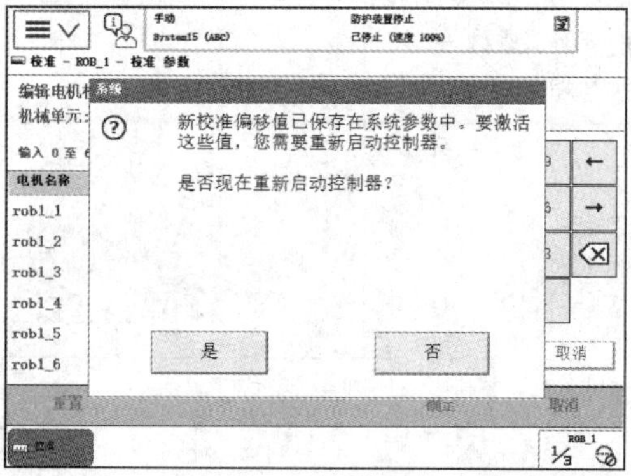
</td></tr>
</table>

续表 2 - 15

序　号	步骤说明	图　片
12	重启机器人控制器后，在示教器主菜单中单击“校准”	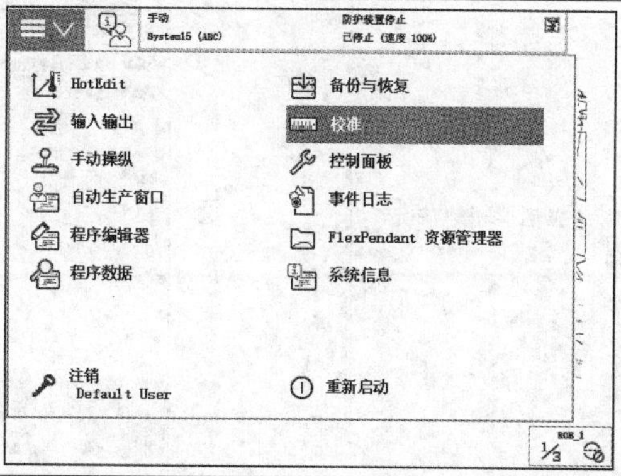
13	选择 Rob_1	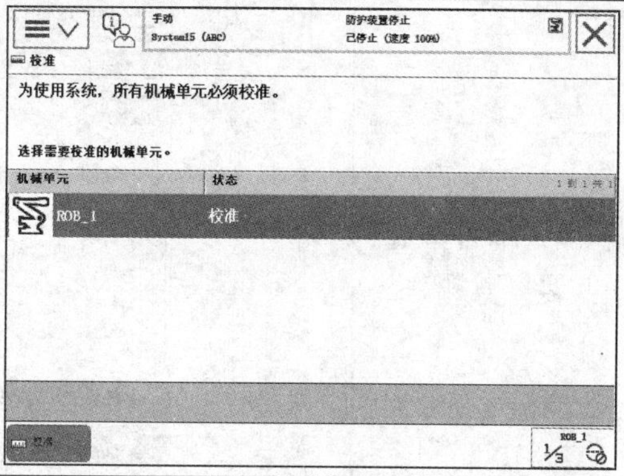
14	选择右图中“转数计数器”，再选择“更新转数计数器”	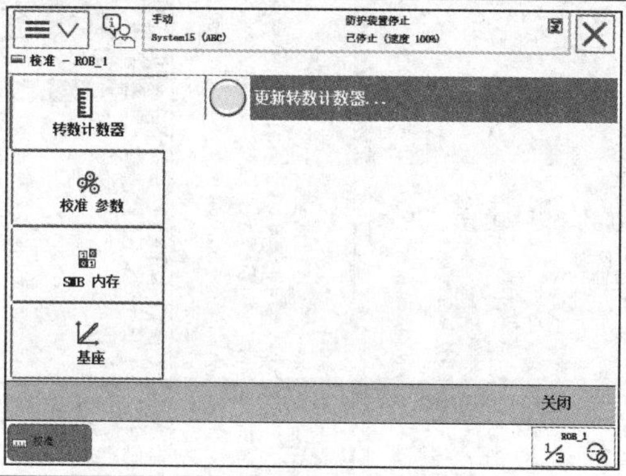
15	在弹出对话框中单击“是”按钮	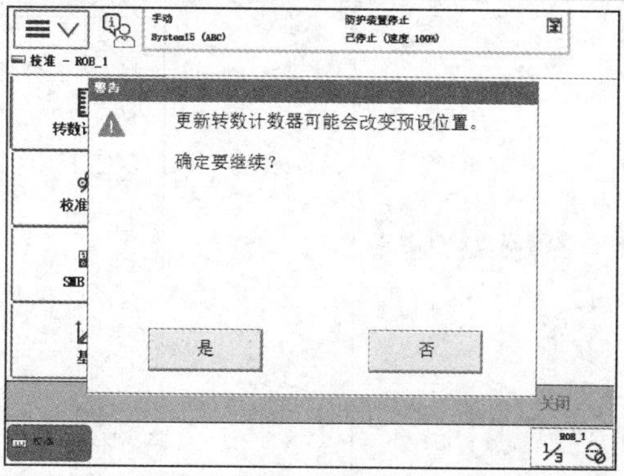

续表 2-15

序　号	步骤说明	图　片
16	校准完成后单击“确定”按钮	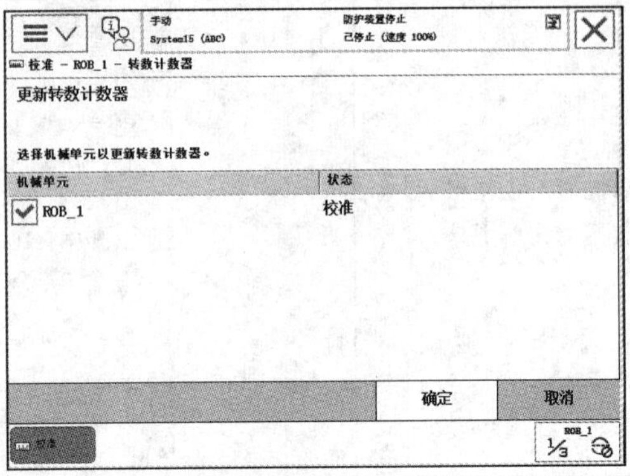
17	弹出要更新的轴的界面，如右图所示，单击“全选”后单击“更新”按钮	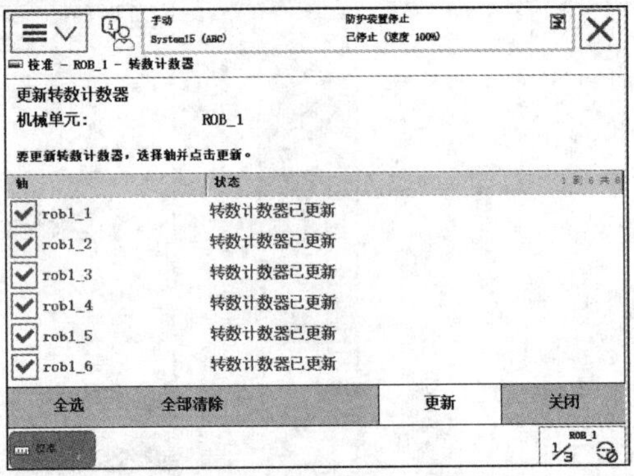
18	在弹出窗口中单击“更新”按钮	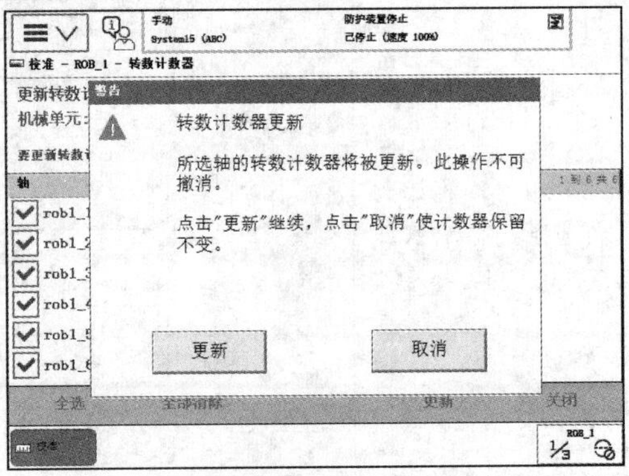
19	等待系统完成更新工作	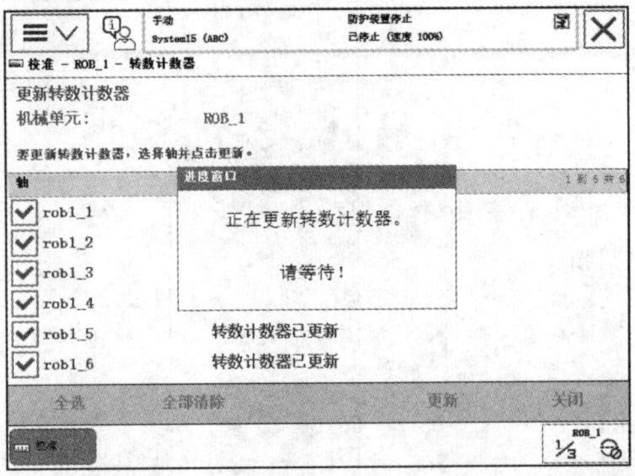

续表 2－15

序　号	步骤说明	图　片
20	当显示“转数计数器更新已成功完成”时，单击“确定”按钮，转数计数器更新完毕	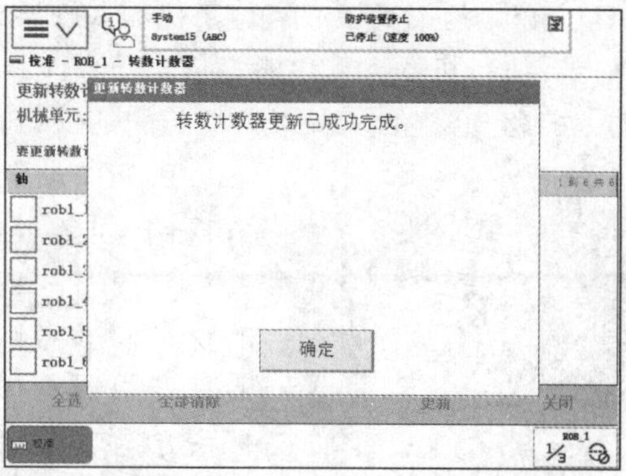

任务六　关键程序数据的设定

【任务描述】

了解 ABB 机器人工具坐标系、工件坐标系及标准 I/O 板的工作原理，掌握工具数据、工件数据、有效载荷及机器人 I/O 板的设置方法。

【知识学习】

1. 工具数据 tooldata

关键程序数据-工具数据的设定

工具数据 tooldata 是用于描述安装在机器人第六轴上的工具坐标 TCP（工具坐标系的原点被称为 TCP——tool center point，即工具中心点）、质量、重心等参数数据。工具数据会影响机器人的控制算法（例如计算加速度）、速度和加速度监控、力矩监控、碰撞监控、能量监控等，因此机器人的工具数据需要正确的设置。

一般不同的机器人应用配置不同的工具，如弧焊机器人使用弧焊枪作为工具，而用于搬运板材的机器人使用吸盘式夹具作为工具，如图 2－16 所示。

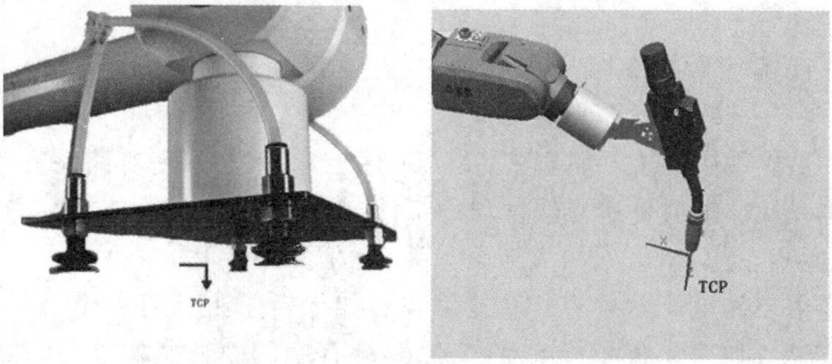

图 2－16　机器人工具

所有机器人在手腕处都有一个预定义的工具坐标系，该坐标系被称为 tool0。这样就能将一个或者多个新工具坐标系定义为 tool0 的偏移值。

默认工具(tool0)的工具中心点位于机器人安装法兰的中心，图 2－17 所示的标注点就是原始的 TCP 点。执行机器人程序时，机器人将 TCP 移至编程位置，即如果要更改工具及工具坐标系，机器人的移动将随之更改，以便新的 TCP 到达目标。

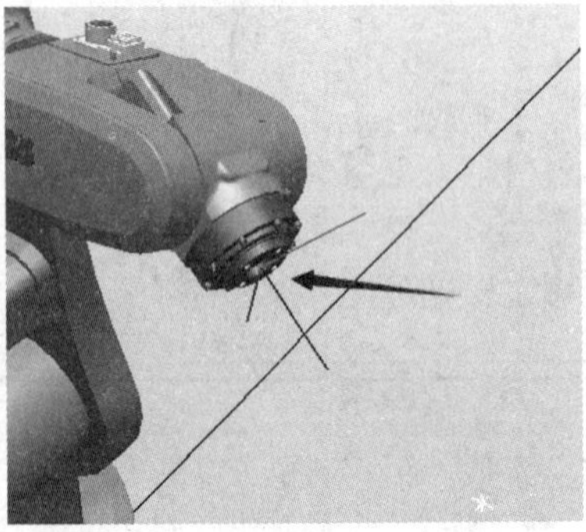

图 2－17　TCP 原点及坐标系

TCP 的设定方法包括 N(3≤N≤9)点法、TCP 和 Z 法、TCP 和 Z,X 法。

① N(3≤N≤9)点法：机器人的 TCP 通过 N 种不同的姿态同参考点接触，得出多组解，通过计算得出当前 TCP 与机器人安装法兰中心点(Tool0)的相应位置，其坐标系方向与 Tool0 一致。

② TCP 和 Z 法：在 N 点法基础上，增加 Z 点与参考点的连线为坐标系 Z 轴的方向，改变了 tool0 的 Z 方向。

③ TCP 和 Z,X 法：在 N 点法基础上，增加 X 点与参考点的连线为坐标系 X 轴的方向，Z 点与参考点的连线为坐标系 Z 轴的方向，改变了 tool0 的 X 和 Z 方向。

设定工具数据 tooldata 的方法通常采用 TCP 和 Z,X 法(N＝4)。其设定原理如下：

① 首先在机器人工作范围内找一个非常精确的固定点作为参考点；

② 然后在工具上确定一个参考点(最好是工具的中心点)；

③ 用手动操纵机器人的方法，去移动工具上的参考点，以四种以上不同的机器人姿态尽可能与固定点刚好碰上；前三个点的姿态相差尽量大些，这样有利于 TCP 精度的提高，为了获得更准确的 TCP，在以下的例子中使用六点法也就是 TCP 和 Z,X 法(N＝4)进行操作，第四点是用工具的参考点垂直于固定点，第五点是工具参考点从固定点向将要设定为 TCP 的 X 方向移动，第六点是工具参考点从固定点向将要设定为 TCP 的 Z 方向移动；

④ 机器人通过这四个位置点的位置数据计算求得 TCP 的数据，然后 TCP 的数据就保存在 tooldata 这个程序数据中被程序进行调用。

2. 工件坐标 wobjdata

工件坐标对应工件，它定义工件相对于大地坐标的位置。机器人可以有若干工件坐标系，或者表示不同工件，或者表示同一工件在不同位置的若干副本。

关键程序数据-工件数据的设定

对机器人进行编程时就是在工件坐标中创建目标和路径，其优点如下：

① 重新定位工作站中的工件时，只需更改工件坐标的位置，所有路径将即刻随之更新；

② 允许操作以外部轴或传送导轨移动的工件，因为整个工件可连同其路径一起移动。

如图 2－18 所示，A 是机器人的大地坐标系，为了方便编程，给第一个工件建立了一个工件坐标 B，并在这个工件坐标 B 中进行轨迹编程。如果台子上还有一个一样的工件需要走一样的轨迹，那只需建立一个工件坐标 C，将工件坐标 B 中的轨迹复制一份，然后将其工件坐标从 B 更新为 C，而无须对一样的工件进行重复轨迹编程了。

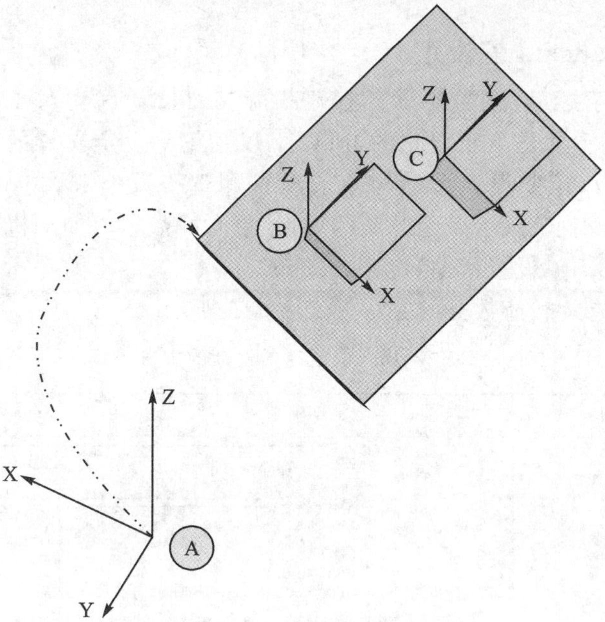

图 2－18　工件及路径的移动

如图 2－19 所示，如果在工件坐标 B 中对 A 对象进行了轨迹编程，当工件坐标位置变化成工件坐标 D 后，只需在机器人系统重新定义工件坐标 D，则机器人的轨迹就自动更新到 C，不需要再次进行轨迹编程。因 A 相对于 B，C 相对于 D 的关系是一样的，并没有因为整体偏移而发生变化。

如图 2－20 所示，在对象的平面上，只需要定义三个点，就可以建立一个工件坐标。其中 X1 点确定工件的原点，X1、X2 确定工件坐标 X 正方向，Y1 确定工件坐标 Y 正方向。

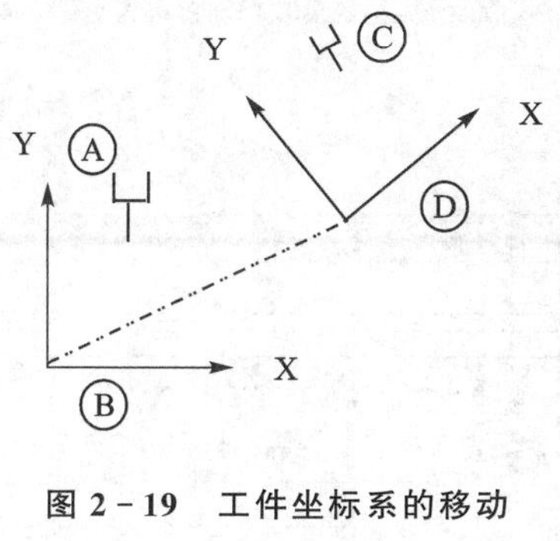

图 2－19　工件坐标系的移动

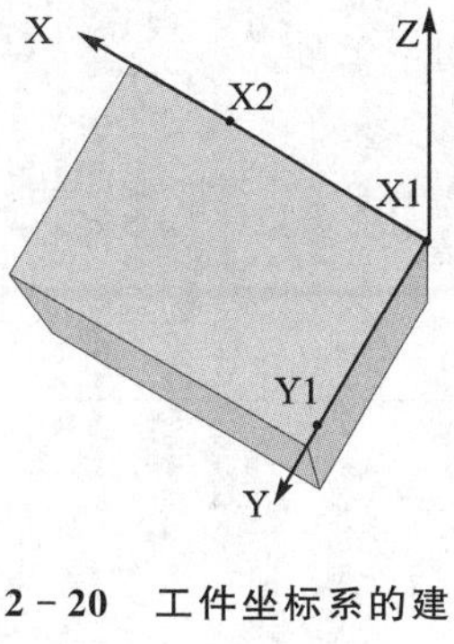

图 2－20　工件坐标系的建立

工件坐标系设定时，通常采用三点法。只需在对象表面位置或工件边缘角位置上，定义三个点位置，来创建一个工件坐标系。其设定原理如下：

① 手动操纵机器人，在工件表面或边缘角的位置找到一点 X1，作为坐标系的原点；

② 手动操纵机器人，沿着工件表面或边缘找到一点 X2，X1、X2 确定工件坐标系的 X 轴的正方向，（X1 和 X2 距离越远，定义的坐标系轴向越精准）；

③ 手动操纵机器人，在 XY 平面上并且 Y 值为正的方向找到一点 Y1，确定坐标系的 Y

轴的正方向。

3. 有效载荷 loaddata 的设定

如果机器人是用于搬运，就需要设置有效载荷 loaddata，因为对于搬运机器人，手臂承受的重量是不断变化的，所以不仅要正确设定夹具的质量和重心数据 tooldata，还要设置搬运对象的质量和重心数据 loaddata。有效载荷数据 loaddata 就记录了搬运对象的质量、重心的数据。如果机器人不用于搬运，则 loaddata 设置就是默认的 load0。

关键程序数据-有效载荷的设定

在示教器上设定有效载荷数据的方法如表 2-16 所示。

表 2-16　设定有效载荷的方法

序　号	步骤说明	图　片
1	在右图的手动操纵窗口中选择“有效载荷”	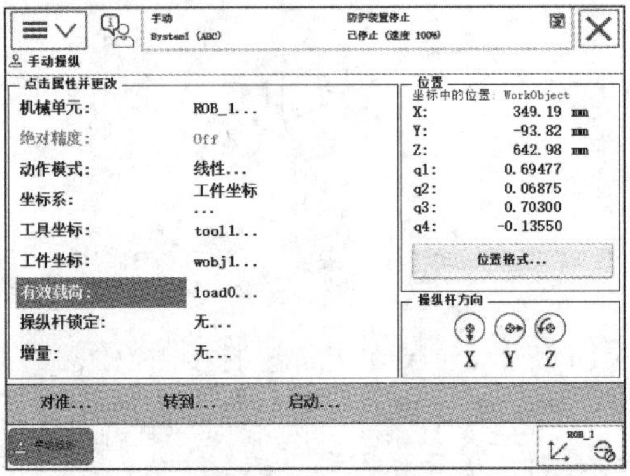
2	单击“新建…”按钮	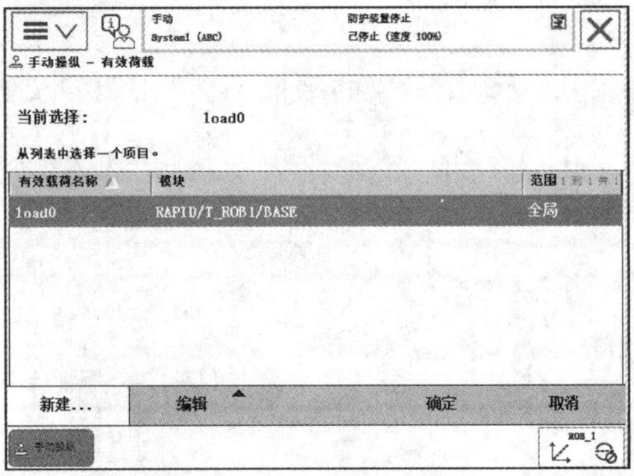
3	弹出有效载荷数据属性界面，对属性进行设定，单击“初始值”按钮	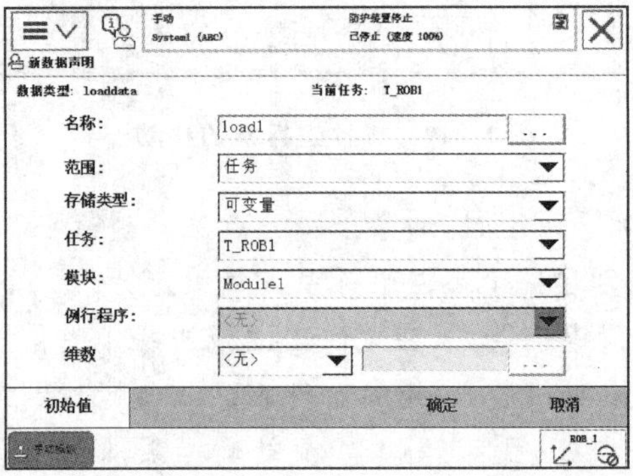

续表 2－16

序　号	步骤说明	图　片
4	根据实际情况对有效载荷的数据进行设定	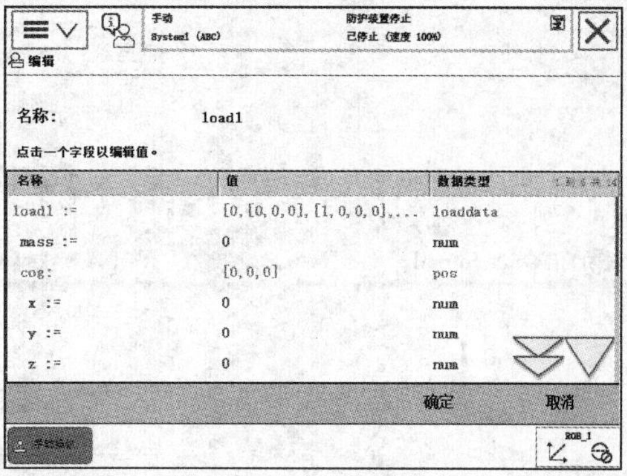
5	有效载荷数据设置完成后，单击“确定”按钮	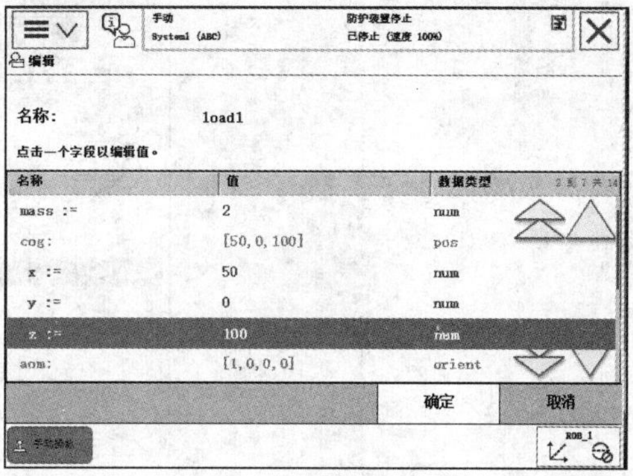
6	界面返回到数据声明界面，然后单击“确定”按钮，完成有效载荷的新建	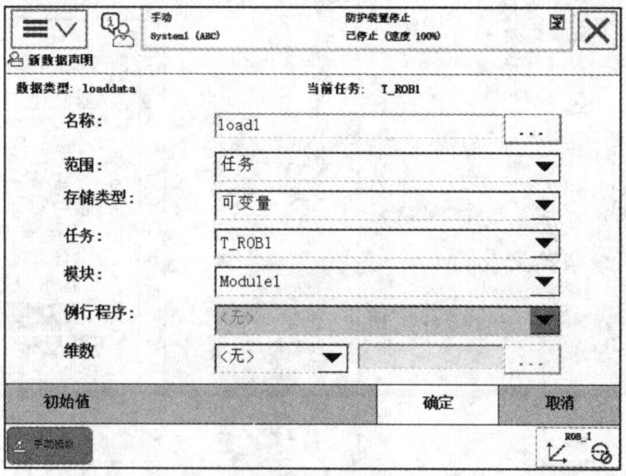
7	有效载荷设定完成后，需要在RAPID程序中根据实际情况进行实时调整，以实际搬运应用为例，do1为夹具控制信号	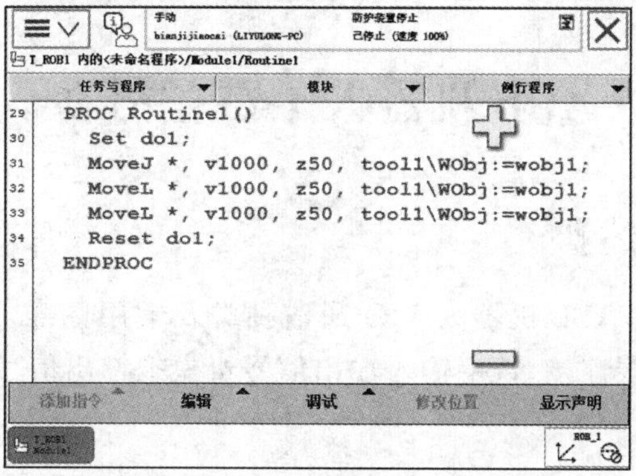

续表 2－16

序　号	步骤说明	图　片
8	打开指令列表，如右图所示，添加指令 Gripload	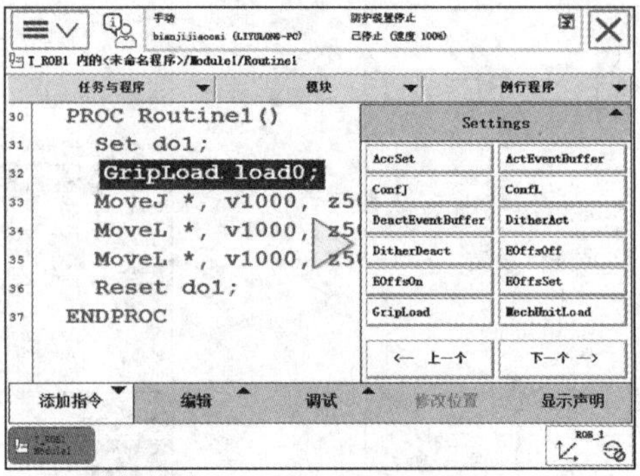
9	双击右图的 load0，选择新载荷数据 load1，然后单击“确定”按钮	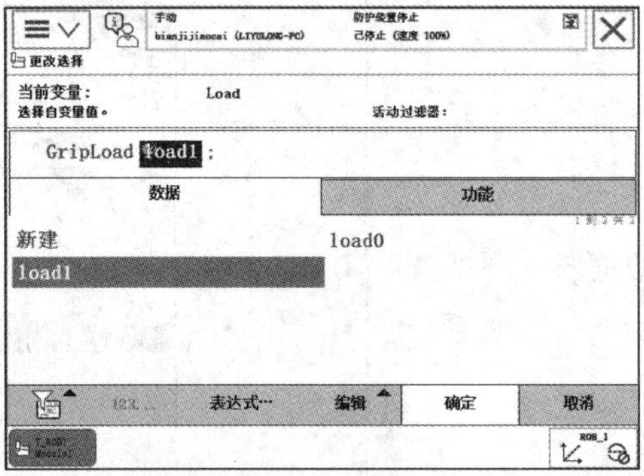
10	在搬运完成后，需要将搬运对象清除为 load0	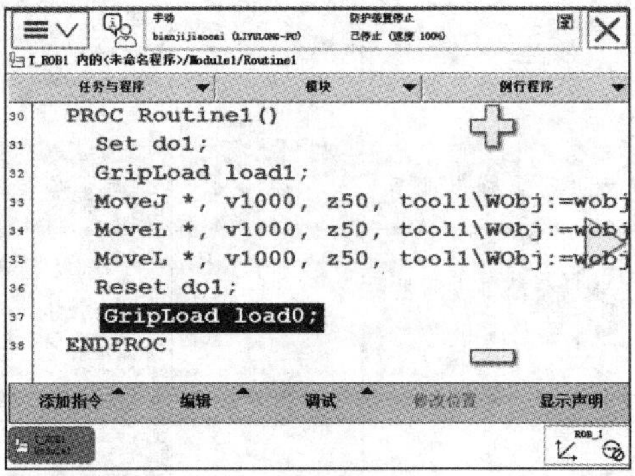

任务七　ABB 机器人 I/O 信号初识

【任务描述】

在了解 ABB 机器人 I/O 通信种类及常用标准 I/O 板的基础上，对 DSQC651 板进行配置，定义总线连接、数字输入输出信号机模拟输出信号。

【知识学习】

1. ABB 机器人 I/O 通信的种类

ABB 机器人提供了丰富的 I/O 通信接口，可以轻松地实现与周边设备之间的通信，如表 2-17 所列，其中 RS232 通信、OPC server、Socket Message 是与 PC 通信时的通信协议，PC 通信接口需要选择选项 PC-INTERFACE 才可以使用；Device Net、Profibus、Profibus-DP、Profinet、EtherNet IP 则是不同厂商推出的现场总线协议，使用何种现场总线，要根据需要进行选配；如果使用 ABB 标准 I/O 板，就必须有 DeviceNet 的总线。

关于 ABB 机器人 I/O 通信接口的说明：

① ABB 标准 I/O 板提供的常用信号处理有数字输入 DI、数字输出 DO、模拟输入 AI、模拟输出 AO 以及输送链跟踪，常用的标准 I/O 板有 DSQC651 和 DSQC652；

② ABB 机器人可以选配标准 ABB 的 PLC，省去了与外部 PLC 进行通信设置的麻烦，并且可以在机器人示教器上实现与 PLC 相关的操作。

本章，以最常用的 ABB 标准 I/O 板 DSQC651 为例，详细讲解如何进行相关的参数设定。

表 2-17　ABB 机器人通信方式

ABB 机器人		
PC	现场总线	ABB 标准
RS232 通信 OPC server Socket Message	Device Net Profibus Profibus-DP Profinet EtherNet IP	标准 I/O 板 PLC …… …… ……

2. ABB 机器人常用标准 I/O 板的说明

ABB 标准 I/O 板是挂在 DeviceNet 网络上的，所以要设定模块在网络中的地址。常用的 ABB 标准 I/O 板如表 2-18 所列。

表 2-18　ABB 标准 I/O 板

序　号	型　号	说　明
1	DSQC651	分布式 I/O 模块 di8、do8、ao2
2	DSQC652	分布式 I/O 模块 di16、do16
3	DSQC653	分布式 I/O 模块 di8、do8 带继电器
4	DSQC355A	分布式 I/O 模块 ai4、ao4
5	DSQC377A	输送链跟踪单元

3. ABB 标准 I/O 板 DSQC651

DSQC651 板，主要提供 8 个数字输入信号、8 个数字输出信号和 2 个模拟输出信号的处理。模块接口说明如图 2-21 所示。

DSQC651 板有 X1、X3、X5、X6 四个模块接口，各模块接口连接说明如下：

ABB 标准 IO 板 DSQC651

（1）X1 端子

X1 端子接口包括 8 个数字输出，地址分配见表 2－19。

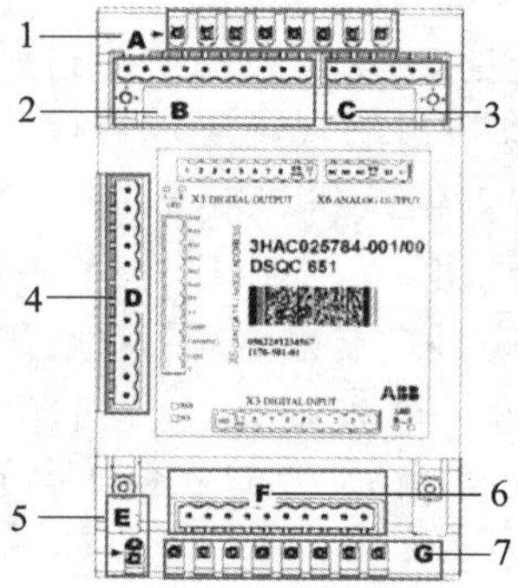

1—信号输出指示灯；2—X1数字输出接口；3—X6模拟输出接口；4—X5 DeviceNet接口；5—模块状态指示灯；6—X3数字输入接口；7—数字输入信号指示灯

图 2－21　DSQC651 板

表 2－19　X1 端子

X1 端子编号	使用定义	地址分配
1	OUTPUT CH1	32
2	OUTPUT CH2	33
3	OUTPUT CH3	34
4	OUTPUT CH4	35
5	OUTPUT CH5	36
6	OUTPUT CH6	37
7	OUTPUT CH7	38
8	OUTPUT CH8	39
9	0V	
10	24V	

（2）X3 端子

X3 端子接口包括 8 个数字输入，地址分配见表 2－20。

表 2－20　X3 端子

X3 端子编号	使用定义	地址分配
1	INPUT CH1	0
2	INPUT CH2	1
3	INPUT CH3	2
4	INPUT CH4	3

续表 2-20

X3 端子编号	使用定义	地址分配
5	INPUT CH5	4
6	INPUT CH6	5
7	INPUT CH7	6
8	INPUT CH8	7
9	0V	
10	未使用	

(3) X5 端子

X5 端子是 DeviceNet 总线接口，端子使用定义如表 2-21 所列，其上的编号 6～12 跳线用来决定模块(I/O 板)在总线中的地址，可用范围为 10～63，如图 2-22 所示，如果将第 8 脚和第 10 脚的跳线剪去，2+8=10 就可以获得 10 的地址。

表 2-21　X5 端子

X5 端子编号	使用定义
1	0V BLACK
2	CAN 信号线 low BLUE
3	屏蔽线
4	CAN 信号线 high WHITE
5	24V RED
6	GND 地址选择公共端
7	模块 ID bit0(LSB)
8	模块 ID bit1(LSB)
9	模块 ID bit2(LSB)
10	模块 ID bit3(LSB)
11	模块 ID bit4(LSB)
12	模块 ID bit5(LSB)

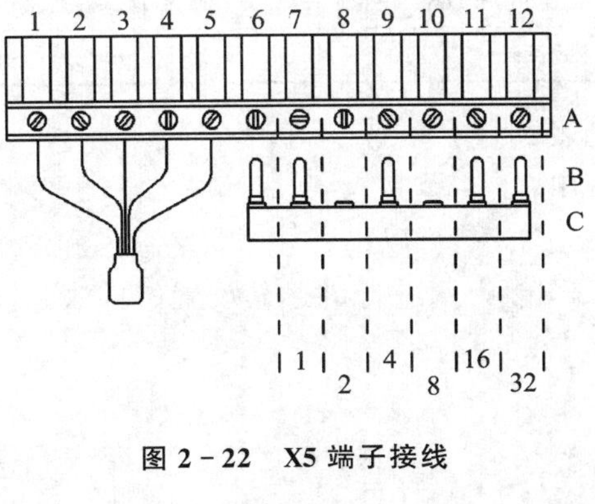

图 2-22　X5 端子接线

(4) X6 端子

X6 端子接口包括 2 个模拟输出，地址分配如表 2－22 所列。

表 2－22　X6 端子

X6 端子编号	使用定义	地址分配
1	未使用	
2	未使用	
3	未使用	
4	0V	
5	模拟输出 ao1	0－15
6	模拟输出 ao2	16－31

【任务实施】

ABB 标准 I/O 板——DSQC651 板的配置。

ABB 常用标准 I/O 板有 DSQC651、DSQC652、DSQC653、DSQC355A、DSQC377A 五种，除分配地址不同外，其配置方法基本相同。ABB 标准 I/O 板 DSQC651 是最为常用的模块，这里以 DSQC651 板的配置为例，来介绍 DeviceNet 现场总线连接、数字输入信号 DI、数字输出信号 DO、和模拟输出信号 AO 的配置。

(1) 定义 DSQC651 板的总线连接

ABB 标准 I/O 板都是下挂在 DeviceNet 现场总线下的设备，通过 X5 端口与 DeviceNet 现场总线进行通信。

定义 DSQC651 板总线连接的相关参数说明见表 2－23。

定义 DSQC651 板的总线连接

表 2－23　DSQC651 板的总线连接的相关参数

参数名称	设定值	说　明
Name	Board10	设定 I/O 板在系统中的名字
Type of Unit	D651	设定 I/O 板的类型
Connected to Bus	DeviceNet1	设定 I/O 板连接的总线
DeviceNet Address	10	设定 I/O 板在总线中的地址

设置总线连接的操作见表 2－24。

(2) 定义数字输入信号 di

在 ABB 机器人 DSQC651 板中，可以设置 8 个数字输入和 8 个数字输出，这里以设置数字输入信号 di1 为例进行讲述其设置的方法。设置数字输入信号的相关参数见表 2－25。

定义数字输入信号

表 2-24 设置总线连接的操作步骤

序 号	步骤说明	图 片
1	进入 ABB 主菜单，在示教器操作界面中选择“控制面板”	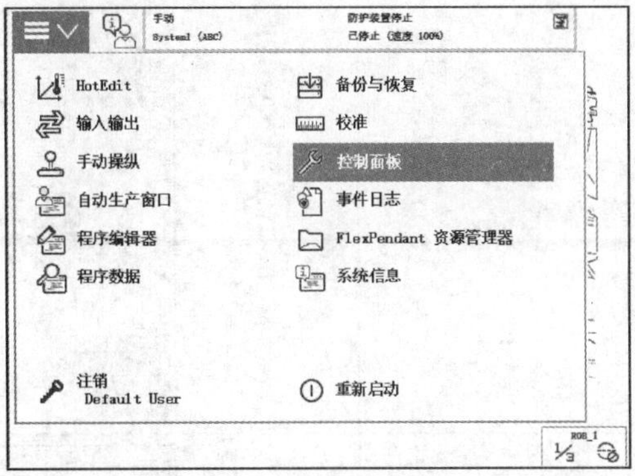
2	选择右图的“配置”选项	
3	进入配置系统参数界面后，双击右图的 DeviceNet Device，进行 DSQC651 模块的选择及其地址设定	

续表 2－24

<table>
<tr><th>序 号</th><th>步骤说明</th><th>图 片</th></tr>
<tr><td>4</td><td>单击“添加”按钮，新增然后进行编辑</td><td>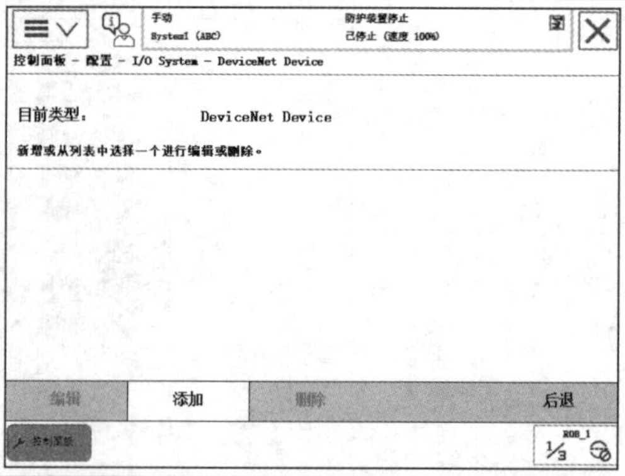
</td></tr>
<tr><td>5</td><td>在进行添加时可以选择模板中的值，单击右图的右上方下拉箭头图标，就能选择使用的 I/O 板类型</td><td>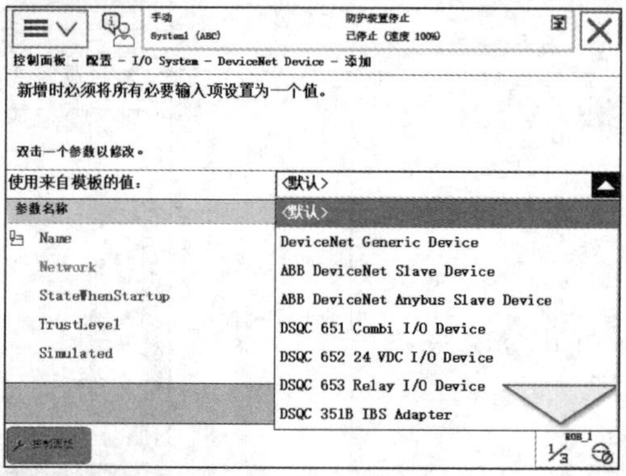
</td></tr>
<tr><td>6</td><td>在模板中选择 DSQC 651 I/O 板，如右图所示，其参数值会自动生成默认值</td><td>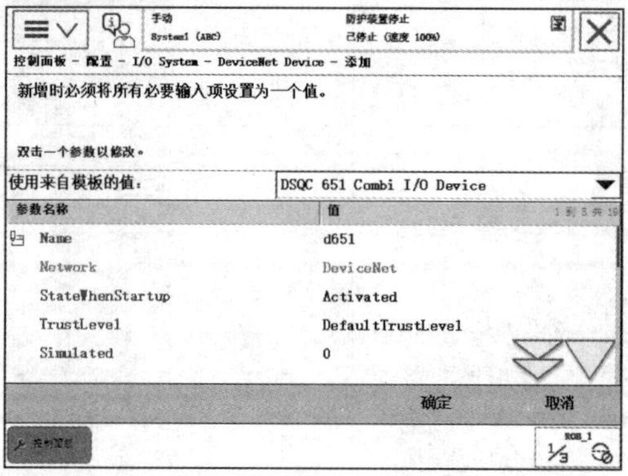
</td></tr>
<tr><td>7</td><td>点击右图界面中黄色向下箭头，下翻界面，找到 Address 地址选项，双击 Address 选项，将 Address 的值改为 10(10 代表此模块在总线中的地址，ABB 机器人出厂默认值)</td><td>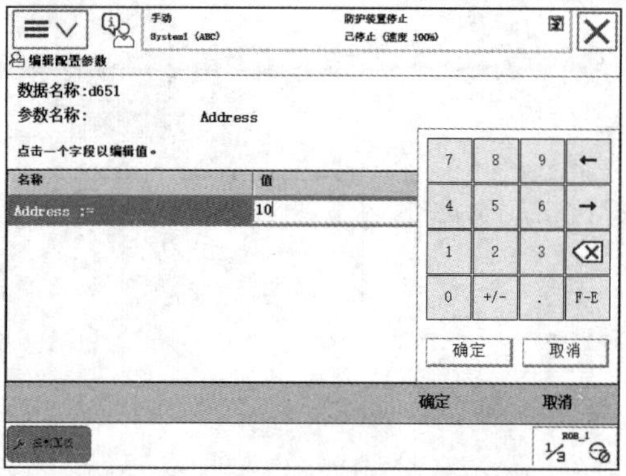
</td></tr>
</table>

续表 2-24

序　号	步骤说明	图　片
8	单击“确定”按钮，返回参数设定界面	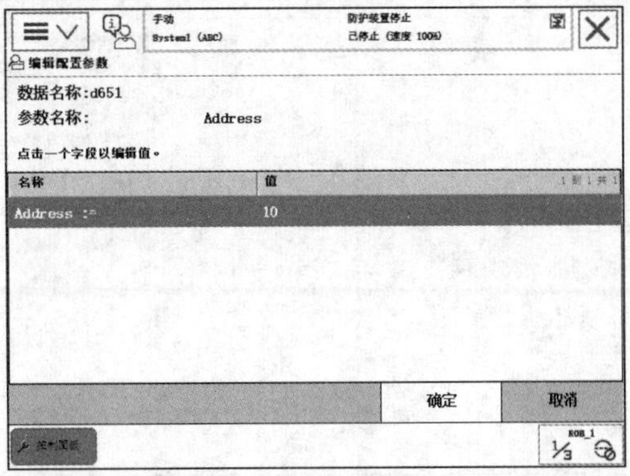
9	参数设定完毕后，单击“确定”按钮	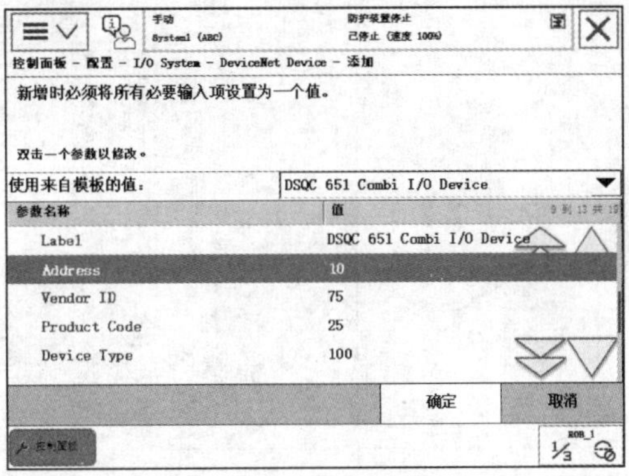
10	弹出重新启动界面，单击“是”按钮，重新启动控制系统，确定更改，至此定义 DSQC651 板的总线连接操作完成	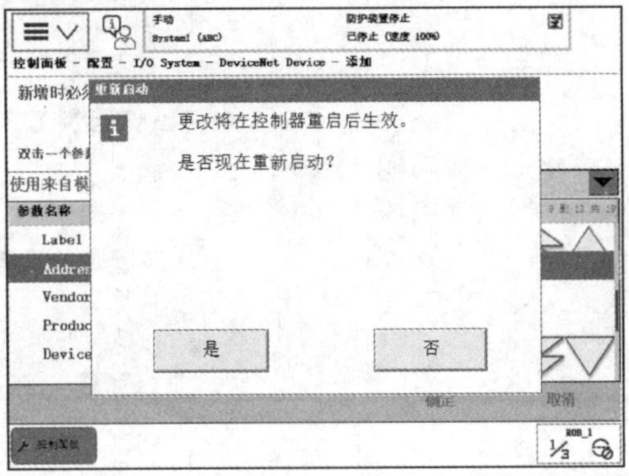

表 2-25　数字输入信号 di1 的相关参数

参数名称	设定值	说　明
Name	Board10	设定数字输入信号的名字
Type of Signal	Digital Input	设定信号的种类
Assigned to Unit	Board10	设定信号所在的 I/O 模块
Unit Mapping	0	设定信号所占用的地址

数字输入信号 di1 的操作步骤见表 2-26。

表 2－26　设置数字输入信号 di1 的操作

序　号	步骤说明	图　片
1	单击右图的“控制面板”，进入控制面板界面	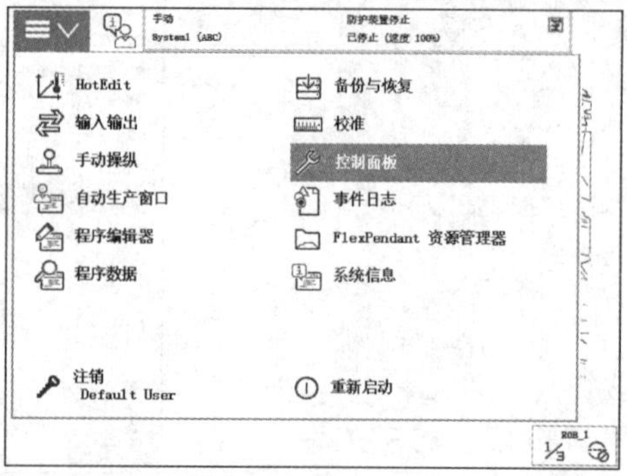
2	在控制面板中选择“配置”选项	
3	在出现的配置界面中，选择 Signal 项，并双击打开	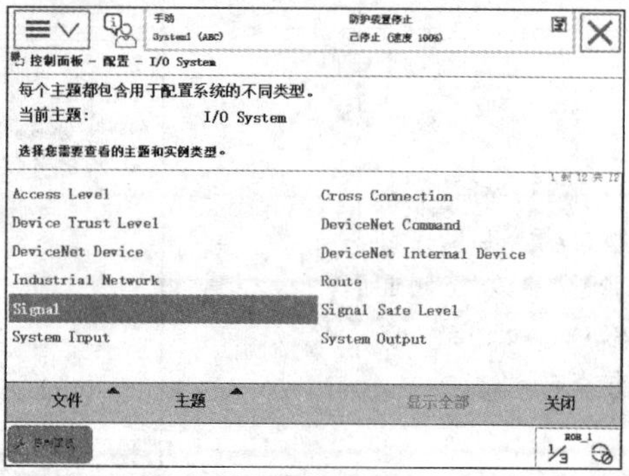
4	进入如图所示界面，单击“添加”按钮	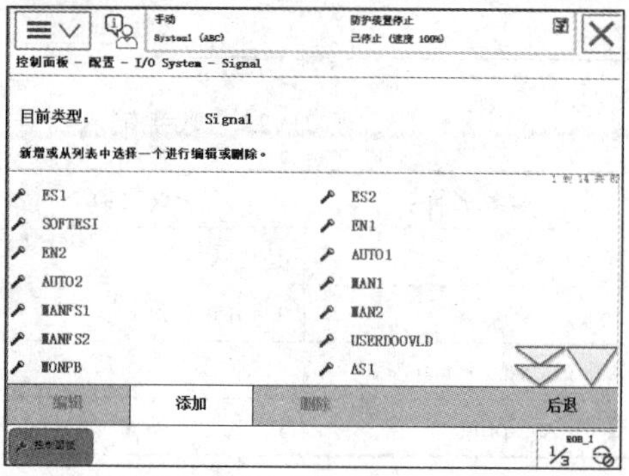

续表 2－26

序　号	步骤说明	图　片
5	要对新添加的信号进行参数设置，可直接双击参数进行修改，首先双击Name(名称)选项	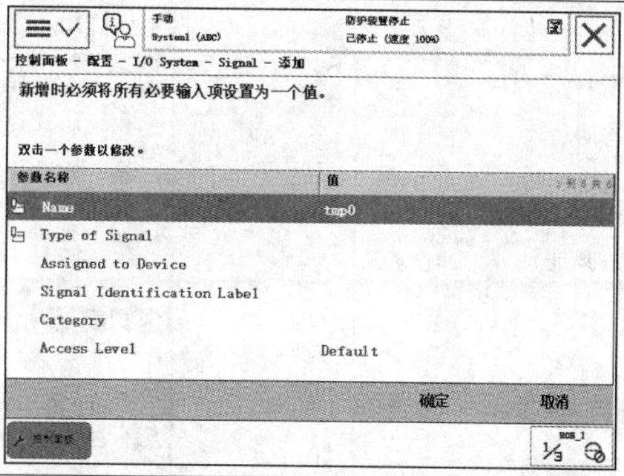
6	输入名称 di1，然后单击“确定”按钮	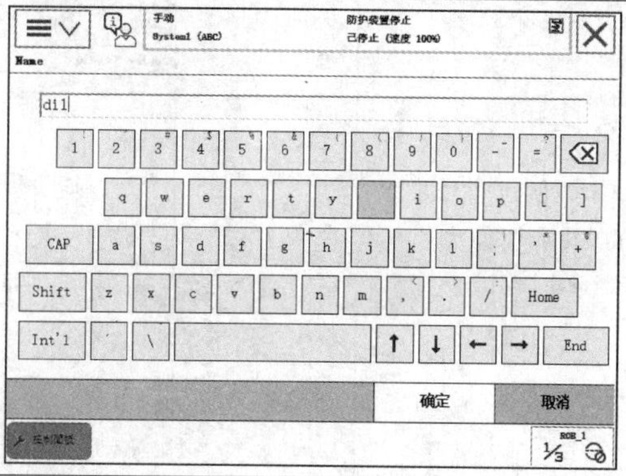
7	双击右图的 Type of Signal(信号类型)，选择 Digital Input	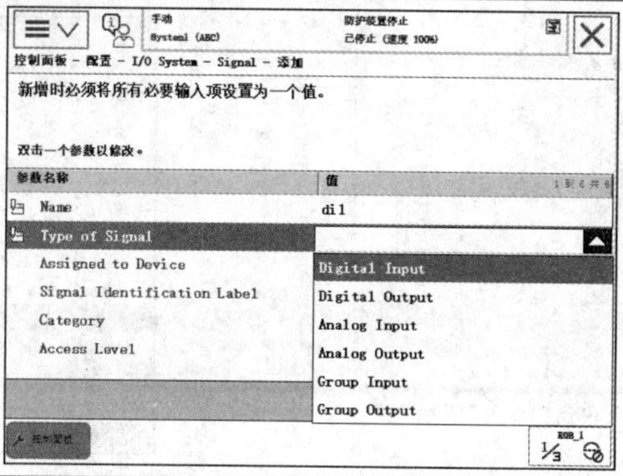
8	双击右图的 Assigned to Device(分配的模块)，选择 d651	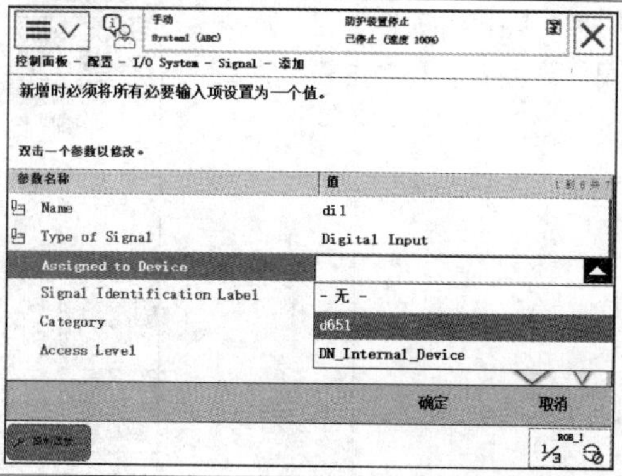

续表 2-26

序　号	步骤说明	图　片
9	双击右图的 Device Mapping(地址)	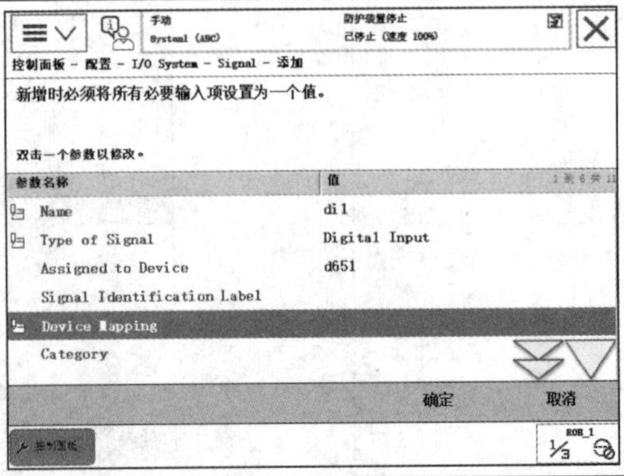
10	输入与 DSQC651X3 端子 di1 相匹配的地址 0，单击“确定”按钮	
11	再次单击“确定”按钮，在弹出的窗口中单击“是”按钮，然后重启控制器以完成设置	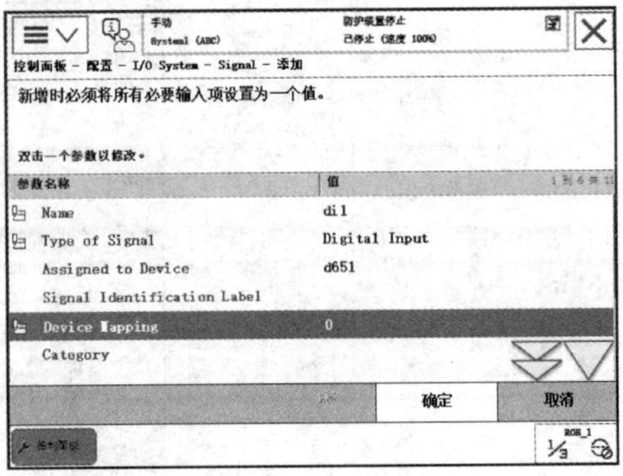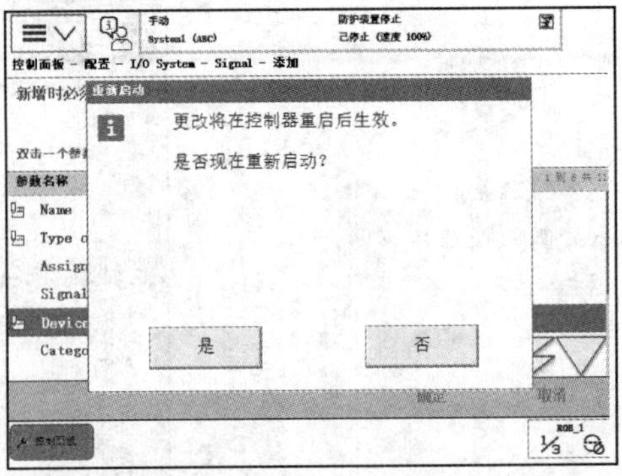

(3) 定义数字输出信号 do1

数字输出信号 do1 的相关参数见表 2-27,定义数字输出信号 do1 的操作步骤见表 2-28。

定义数字输出信号

表 2-27　数字输入信号 do1 的相关参数

参数名称	设定值	说　明
Name	Board10	设定数字输出信号的名字
Type of Signal	Digital Output	设定信号的种类
Assigned to Unit	Board10	设定信号所在的 I/O 模块
Unit Mapping	32	设定信号所占用的地址

表 2-28　数字输入信号的定义

序　号	步骤说明	图　片
1	选择右图的“控制面板”	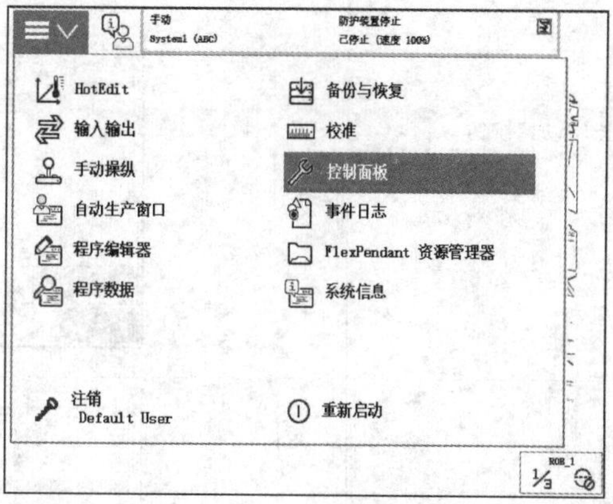
2	单击右图的“配置”	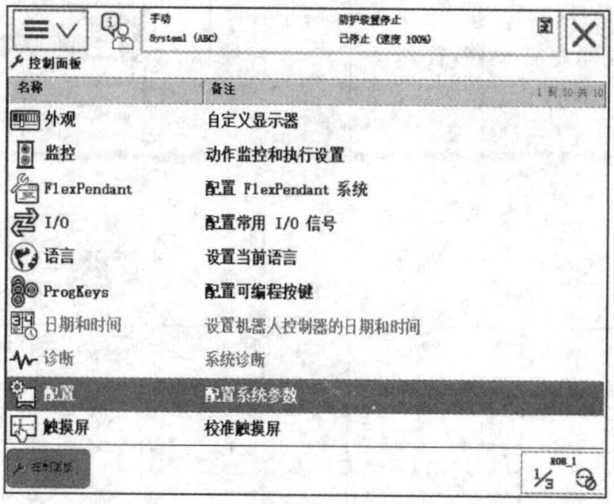

续表 2－28

序　号	步骤说明	图　片
3	双击右图的 Signal	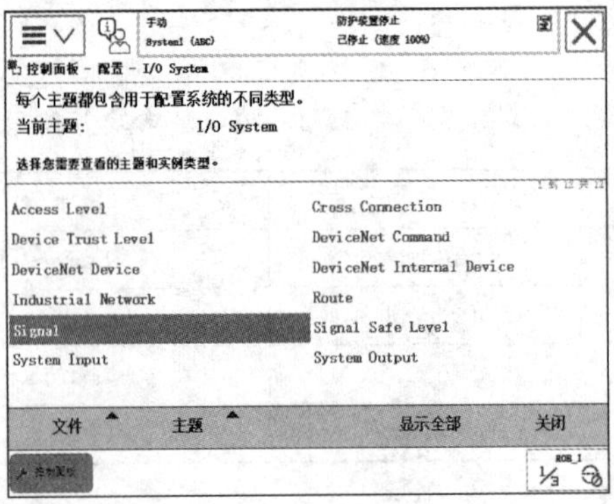
4	单击“添加”按钮	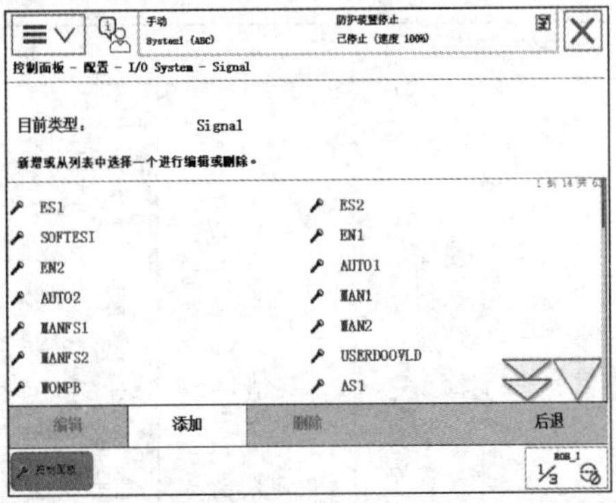
5	对参数进行设置，首先双击右图的 Name	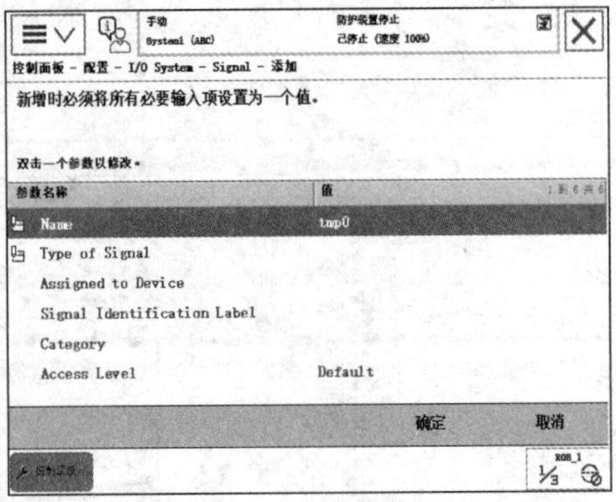
6	输入 do1，然后单击“确定”按钮	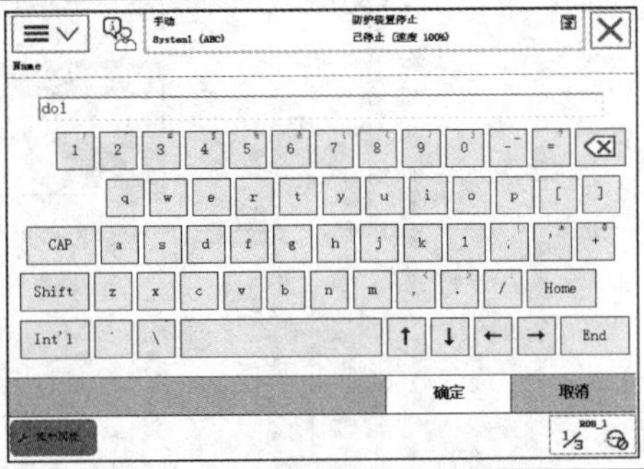

续表 2－28

序　号	步骤说明	图　片
7	双击右图的 Type of Signal，选择 Digital Output 选项	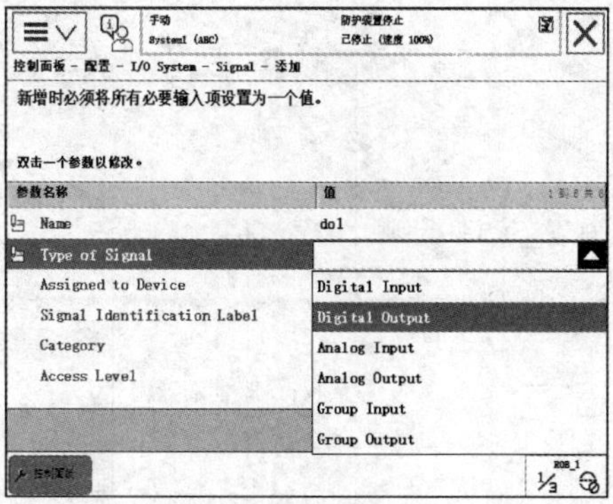
8	双击右图的 Assigned to Device，选择 d651	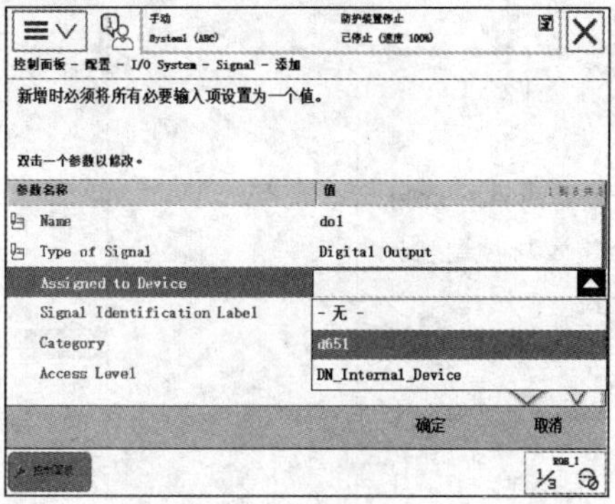
9	双击右图的 Device Mapping	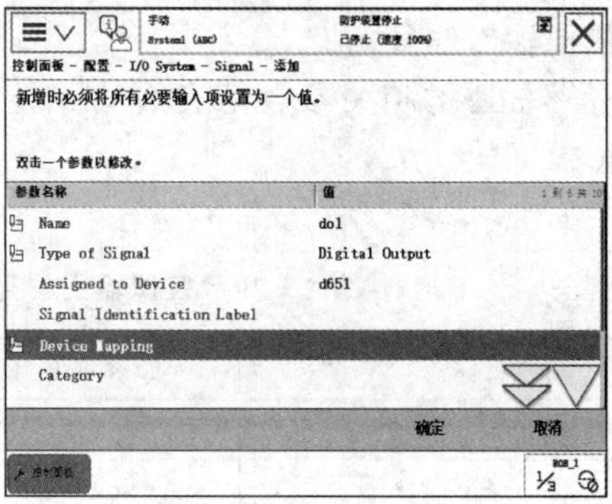
10	输入 32，然后单击"确定"按钮	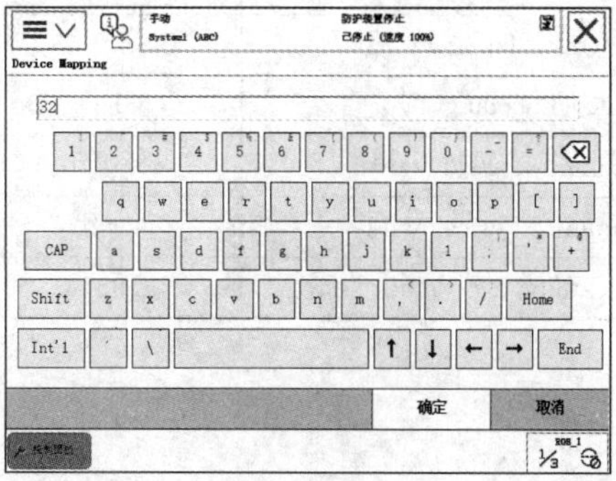

续表 2 - 28

<table>
<tr><th>序 号</th><th>步骤说明</th><th>图 片</th></tr>
<tr><td>11</td><td>单击“确定”按钮，完成设定</td><td>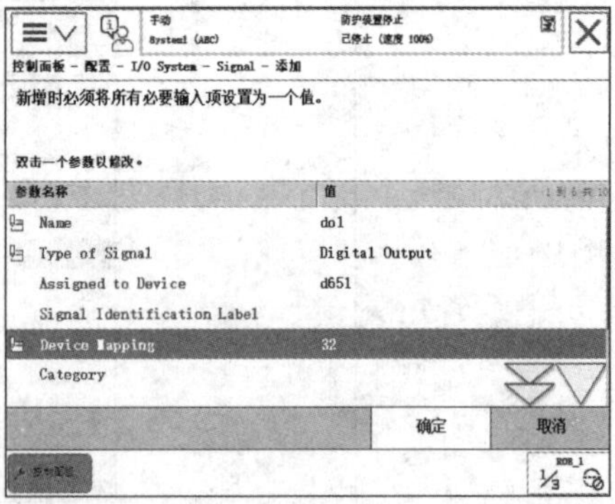
</td></tr>
<tr><td>12</td><td>弹出重新启动界面，单击“是”按钮重启控制器以完成设置</td><td>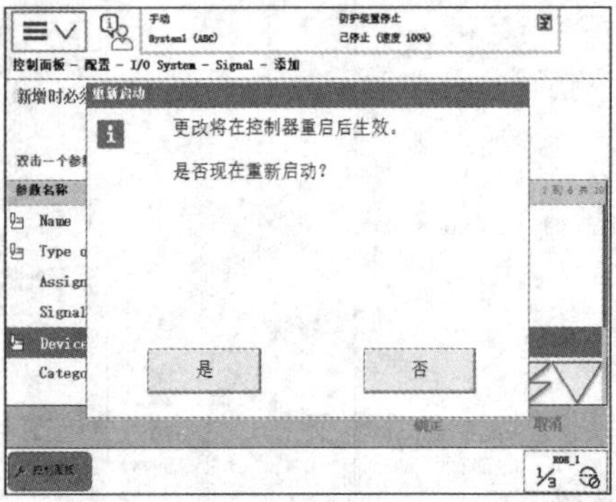
</td></tr>
</table>

(4) 定义模拟输出信号 ao1

模拟输出信号 ao1 的相关参数见表 2 - 29，定义模拟输出信号 ao1 的操作见表 2 - 30。

定义模拟输出信号

表 2 - 29 模拟输出信号 ao1 的相关参数

参数名称	设定值	说 明
Name	ao1	设定模拟输出信号的名字
Type of Signal	Analog Output	设定信号的类型
Assigned to Unit	Board10	设定信号所在的 I/O 模块
Unit Mapping	0 - 15	设定信号所占用的地址
Analog Encoding Type	Unsigned	设定模拟信号属性
Maximum Logical Value	10	设定最大逻辑值
Maximum Physical Value	10	设定最大物理值
Maximum Bit Value	65535	设定最大位置

表 2-30　定义模拟输出信号的操作步骤

序　号	步骤说明	图　片
1	选择右图的“控制面板”	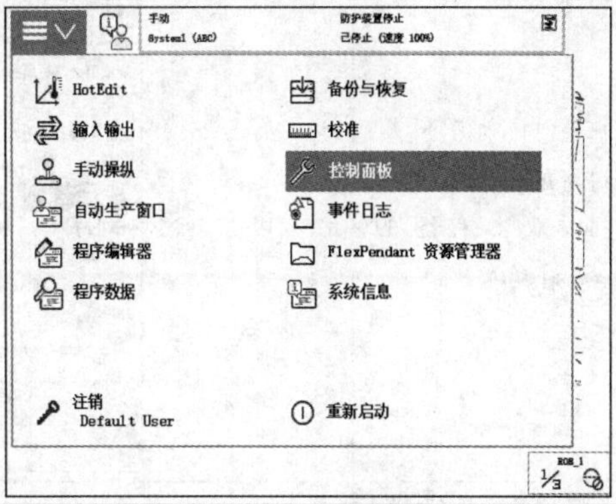
2	选择右图的“配置”	
3	双击右图的 Signal	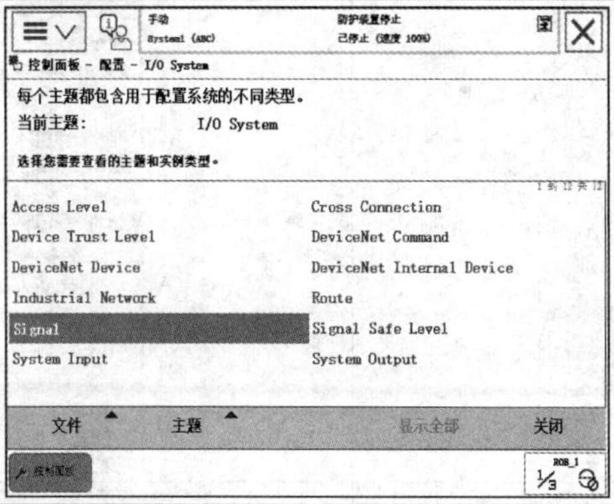
4	单击“添加”按钮	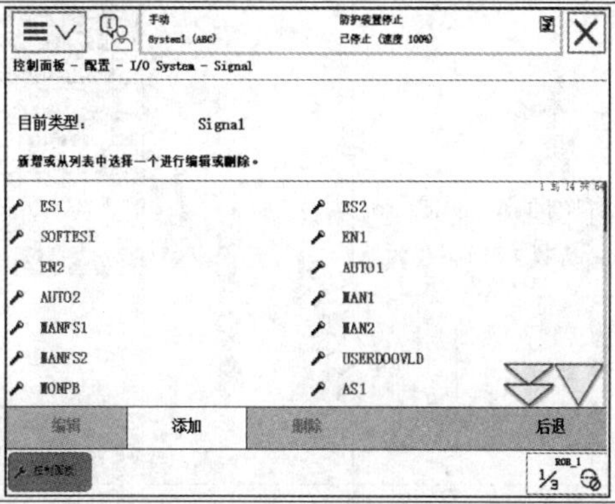

续表 2-30

序　号	步骤说明	图　片
5	进入到新的信号设置参数界面，双击右图的Name，进行修改	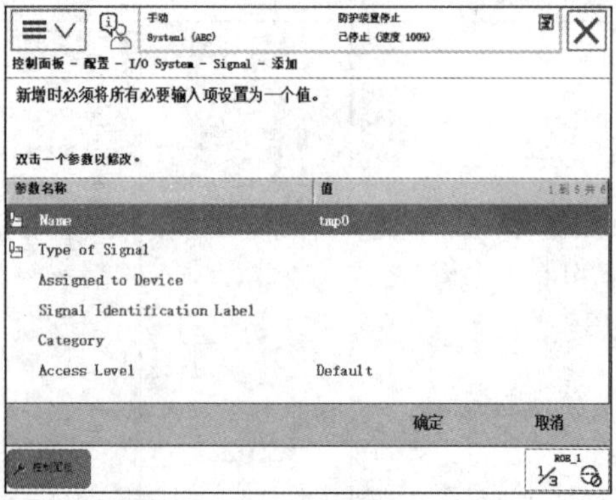
6	出现键盘，输入ao1，然后单击“确定”按钮	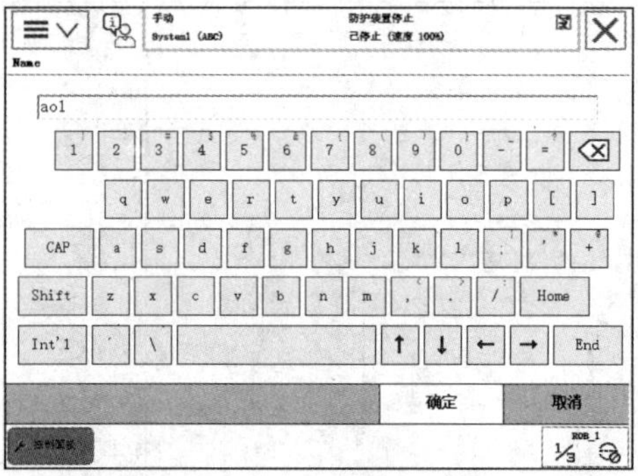
7	双击右图的Type of signal，然后选择Analog Output	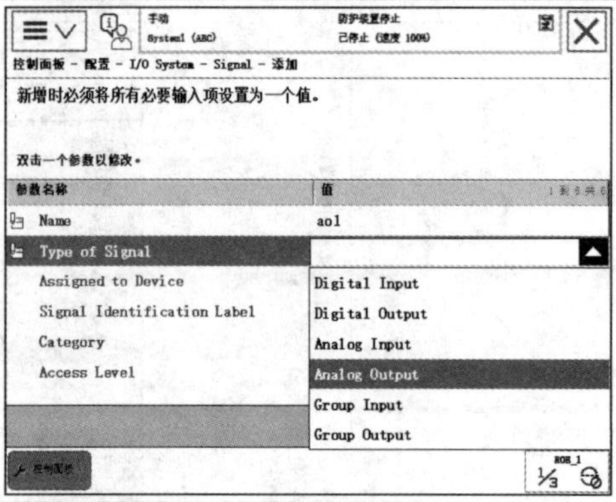
8	双击右图的Assigned to Device，选择d651	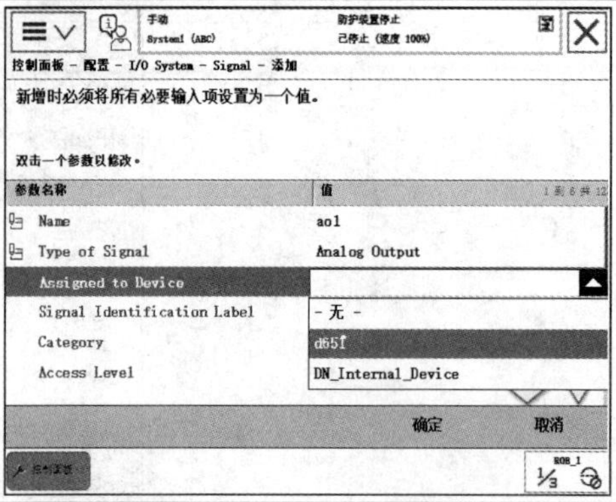

续表 2－30

序　号	步骤说明	图　片
9	双击右图的 Device Mapping	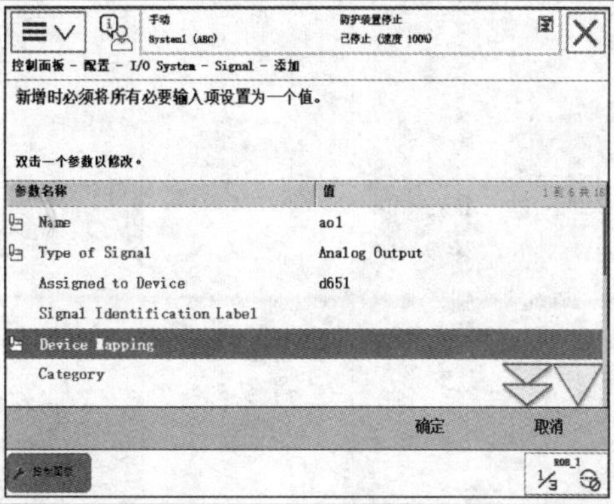
10	如右图所示，输入 0－15，然后单击“确定”	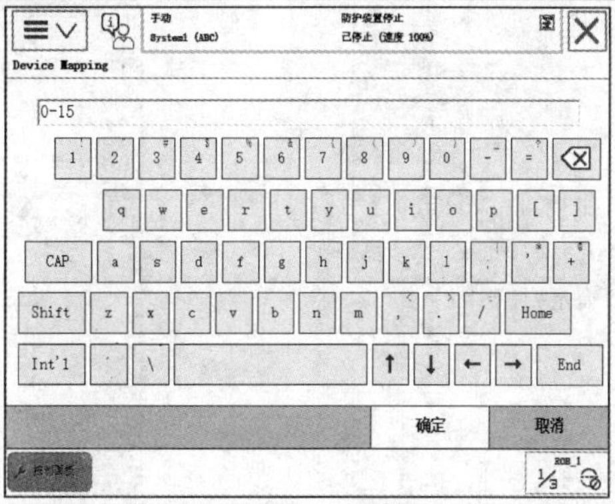
11	下翻界面，双击右图的 Analog Encoding Type，然后在选项里选择 Unsigned	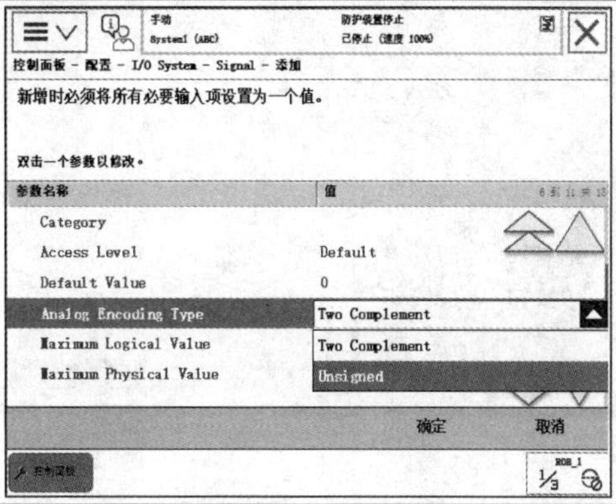
12	双击右图的 Maximum logical Value，然后输入 10，单击“确定”按钮	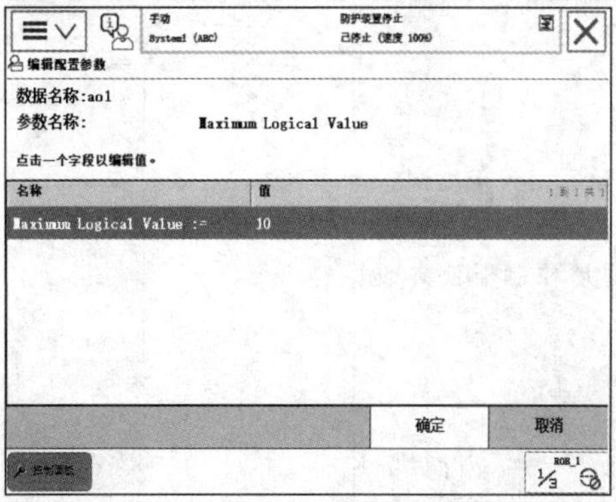

续表 2-30

序　号	步骤说明	图　　片
13	双击右图的 Maximum Physical Value，输入 10 后单击“确定”按钮	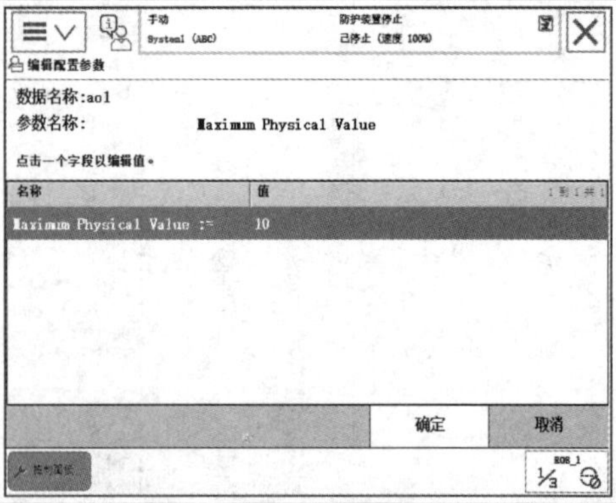
14	双击右图的 Maximum Bit Value，输入 65535 后单击“确定”按钮	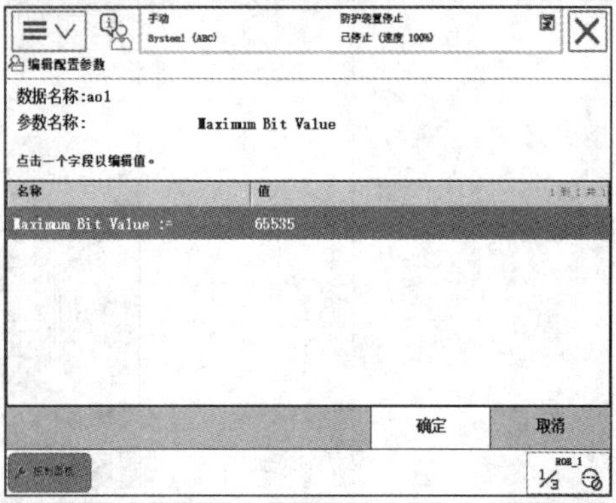
15	新建的模拟输出信号 ao1 的相关参数定义完成，单击“确定”按钮，完成设定	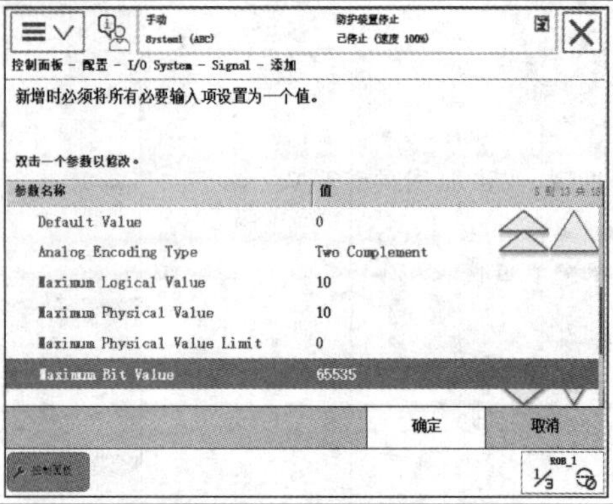
16	弹出如右图所示提醒重新启动界面，单击“是”按钮，重启控制器使更改生效	

任务八　ABB 机器人 I/O 信号监控与操作

【任务描述】

认识对 I/O 信号进行监控的目的，按步骤正确地对 I/O 信号进行仿真和强制操作，并能够配置示教器可编程按钮。

【知识学习】

ABB 机器人 I/O 信号监控与操作

上一任务学习了 I/O 信号的定义。现在就要学习一下如何对 I/O 信号进行监控与操作。对 I/O 信号进行监控是为了对所有的输入及输出信号的地址、状态等信息进行掌控。通过操作打开输入输出画面，看到所有定义的信号，可以对 I/O 信号的状态或数值进行相应的仿真和强制的操作，以便在机器人调试和检修时使用。

IO 信号监控操作

【任务实施】

1. “输入输出”界面操作

“输入输出”界面的具体操作见表 2-31。

表 2-31　“输入输出”界面的操作

序　号	步骤说明	图　片
1	在示教器操作界面，选择“输入输出”	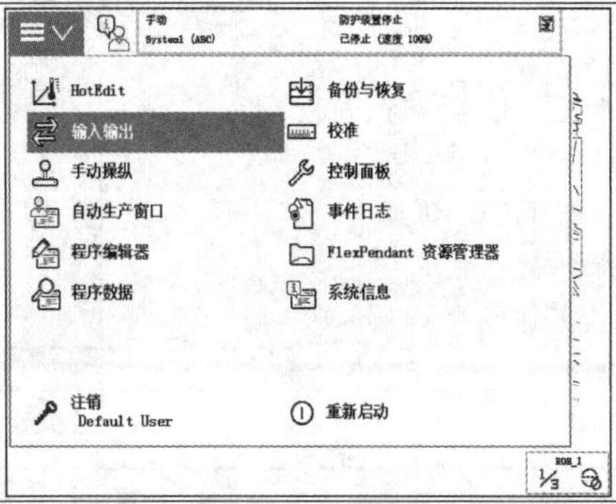
2	打开右下角的“视图”菜单	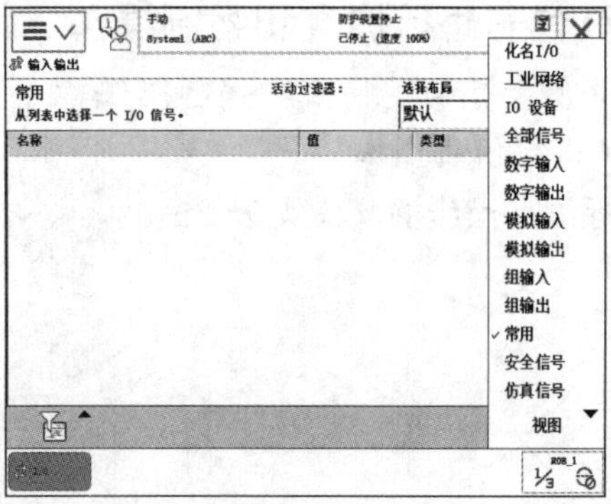

续表 2-31

序　号	步骤说明	图　片
3	在视图菜单中选择“I/O设备”	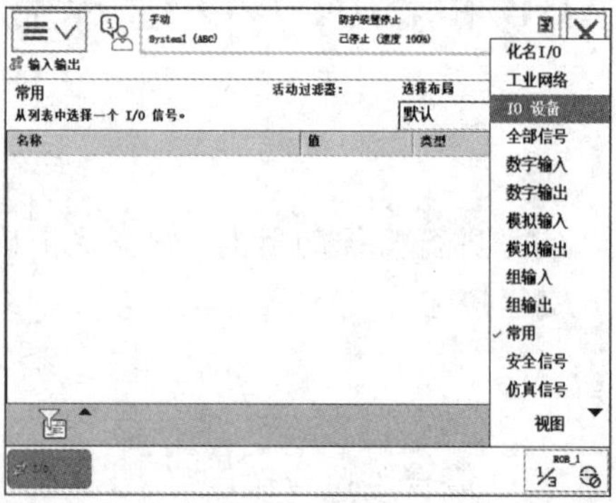
4	选择右图的 d651，然后单击“信号”按钮	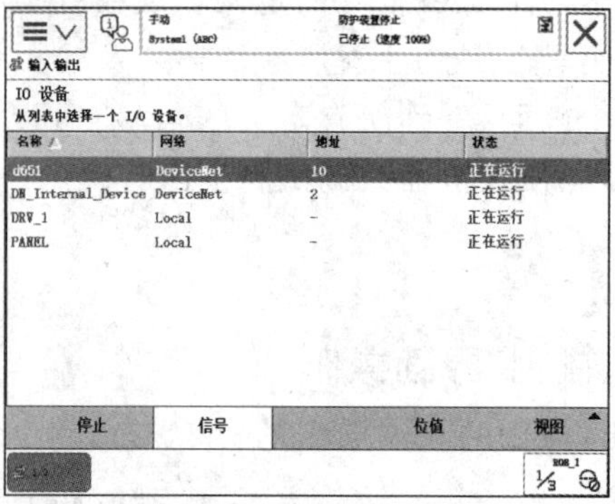
5	可以看到上一任务中所定义的信号，通过该窗口可对信号进行监控、仿真和强制操作	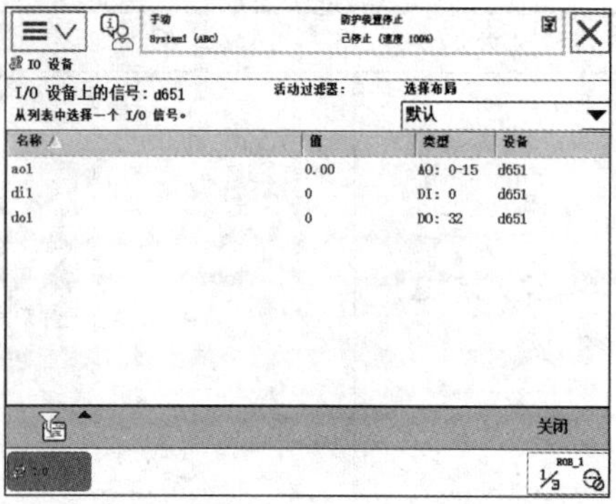

2. 对 I/O 信号进行仿真和强制操作

下面来学习数字信号的仿真和强制操作。

(1) 对 di1 进行仿真操作

对 di1 进行仿真操作的步骤见表 2-32。

IO 信号的仿真和强制操作

表 2-32　对 di1 进行仿真操作的步骤

序　号	步骤说明	图　片
1	选中右图的 di1,然后单击“仿真”按钮	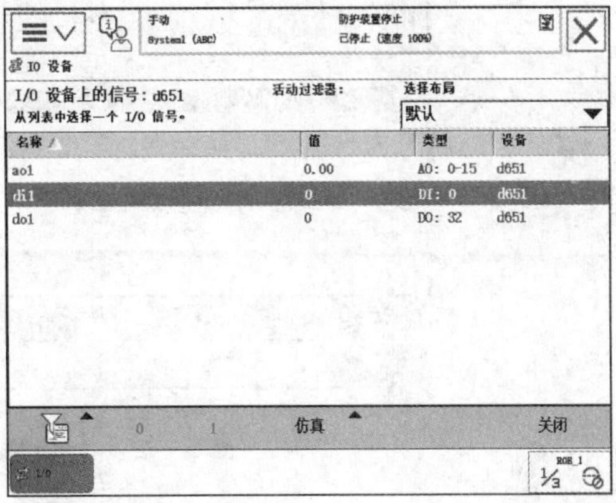
2	单击 0 或 1,可以将 di1 的状态仿真置为 0 或 1	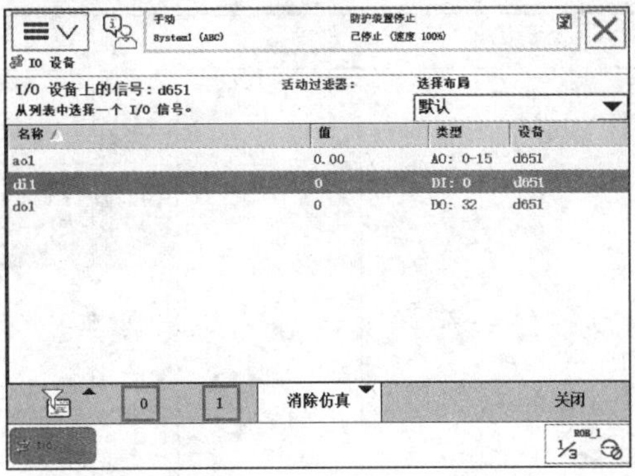
3	仿真结束后,单击右图的“清除仿真”取消仿真按钮	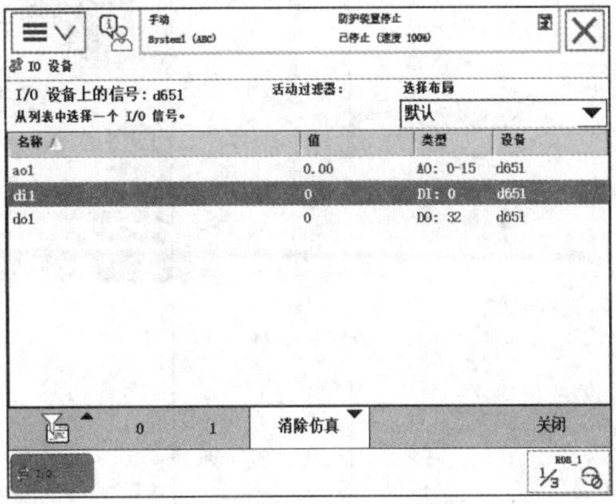

(2) 对 do1 进行强制操作

如图 2-23 所示,选中 do1,通过单击 0 或 1,对 do1 的状态进行强制置为 0 或 1。

(3) 对 ao1 进行强制操作

对 a01 进行强制操作的具体操作方式见表 2-33。

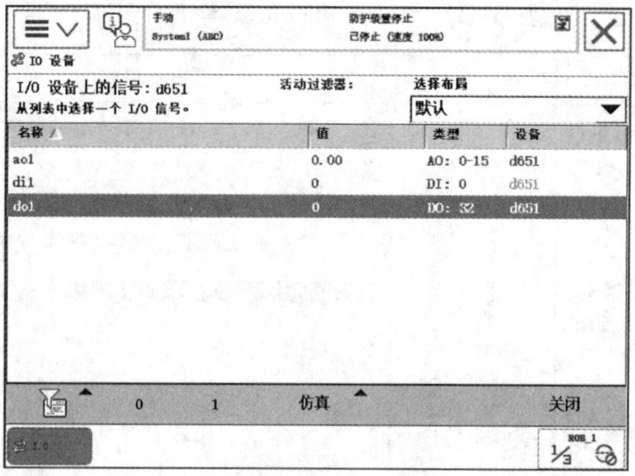

图 2-23　do 信号强制

表 2-33　对 ao1 进行强制操作的步骤

序号	步骤说明	图　片
1	选中右图的 ao1，然后单击“123…”按钮	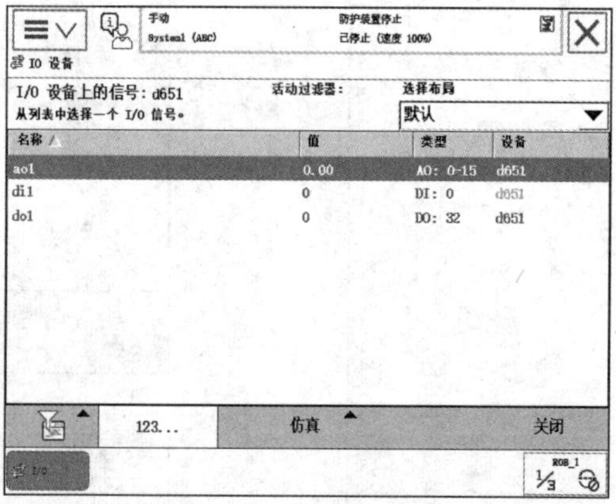
2	输入需要的数值，右图中以输入 2 为例，然后单击“确定”按钮	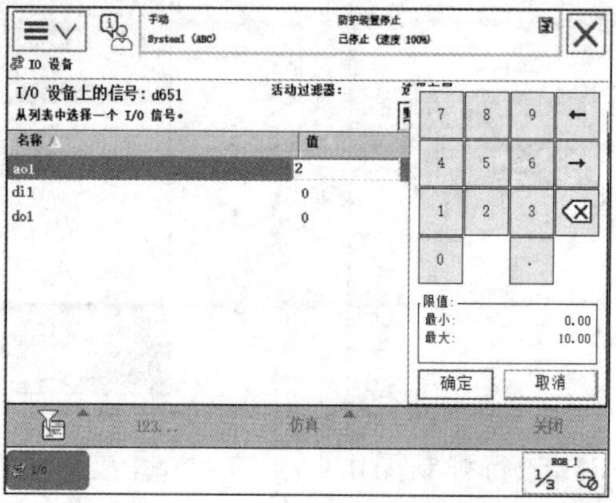

续表 2-33

序号	步骤说明	图　片
3	画面中 ao1 强制设置输出为 2.00	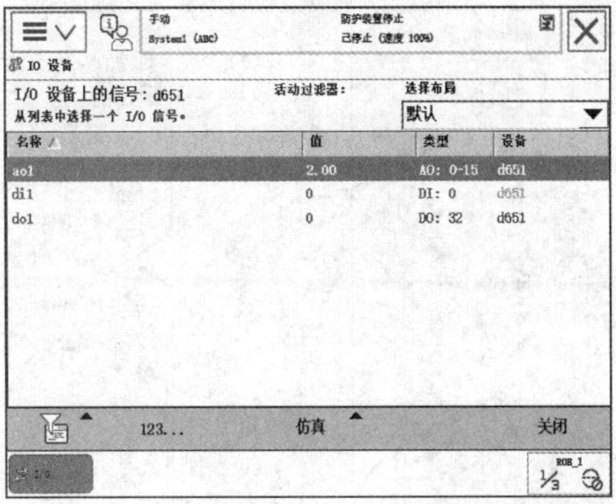

3. 示教器可编程按钮的使用

示教器可编程按钮

按钮的使用

示教器可编程按钮即为图 2-24 所示方框内的四个按钮，分为按键 1～4，在操作时可以为可编程按键分配想要快捷控制的 I/O 信号，以方便对 I/O 信号进行强制与仿真操作。下面介绍为可编程按键配置 I/O 信号的具体操作。

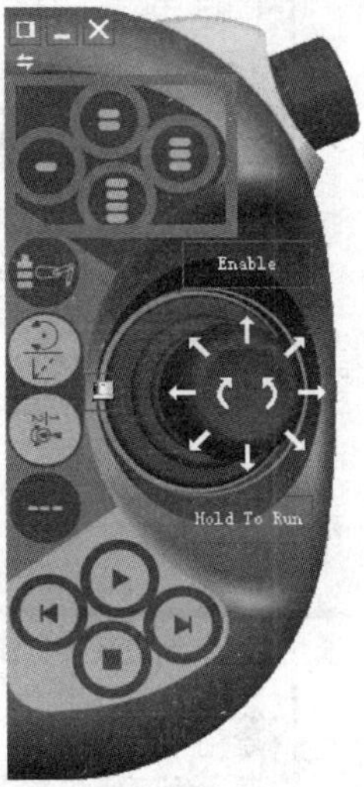

图 2-24　可编程按键

为可编程按键 1 配置数字输出信号 do1 的操作见表 2-34。

表 2-34 配置数字输出信号的操作步骤

<table>
<tr><th>序 号</th><th>步骤说明</th><th>图 片</th></tr>
<tr><td>1</td><td>在操作界面选择“控制面板”</td><td>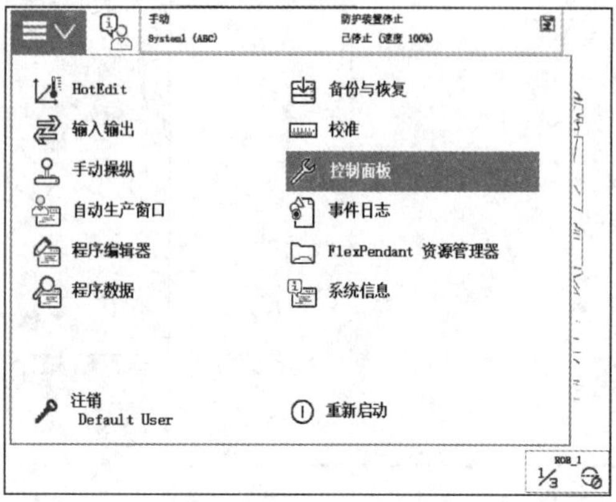
</td></tr>
<tr><td>2</td><td>单击右图的“配置可编程按键”</td><td>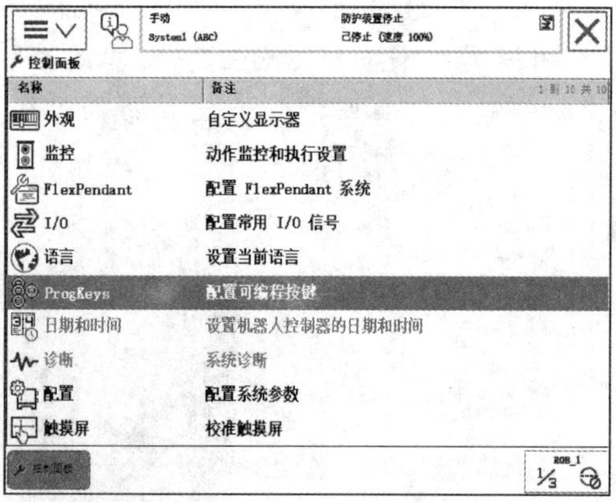
</td></tr>
<tr><td>3</td><td>进入配置可编程按键的界面，可以选择对按键 1～4 进行配置，配置类型有输出、输入和系统信号，do1 是输出信号，所以在“类型”中，选择“输出”</td><td>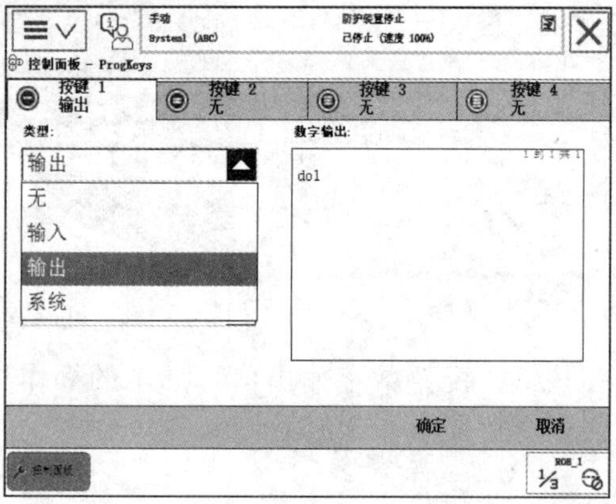
</td></tr>
</table>

续表 2 - 34

序　号	步骤说明	图　片
4	如右图所示，在数字输出中选中 do1，在“按下按键”中选择“按下/松开”选项，也可以根据实际需要选择按键的动作特性	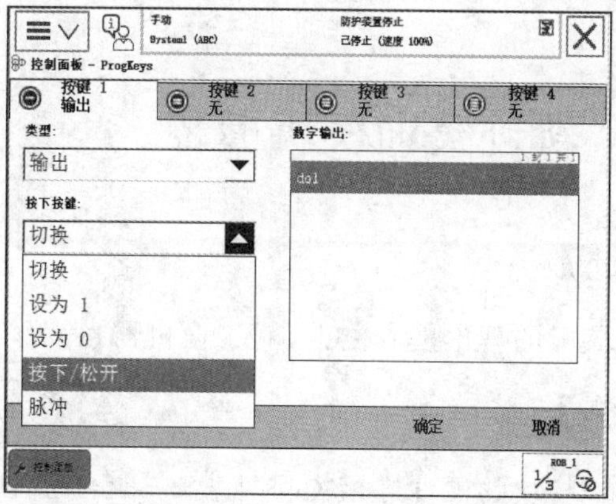
5	单击“确定”按钮，完成设置	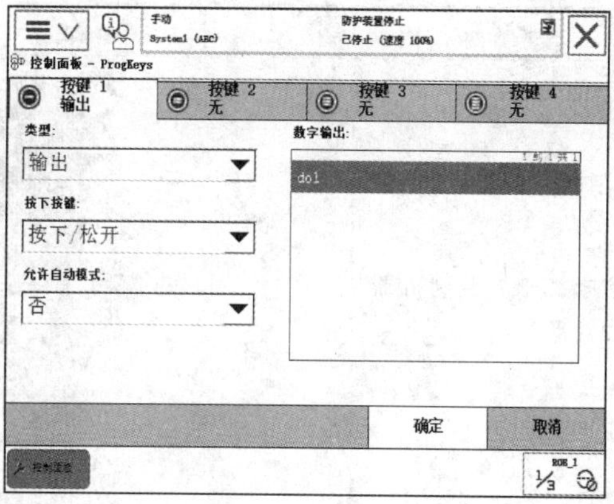
6	配置后就可以通过可编程按键 1 在手动状态下对 do1 数字输出信号进行强制的操作，按键 2～4 可重复上面步骤进行设置	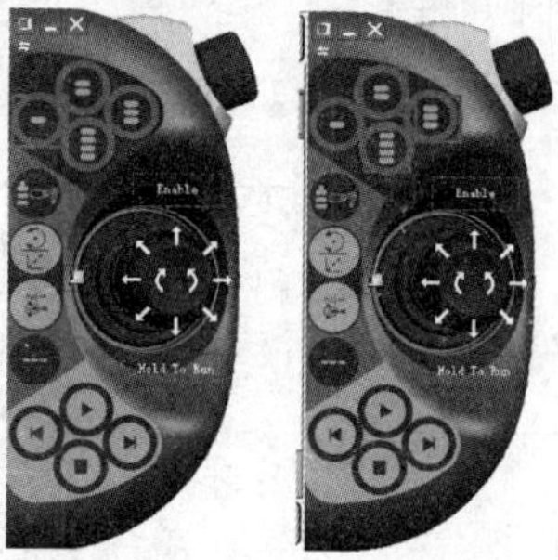

项目三　轨迹实训模块拆装与操作

任务一　轨迹实训模块拆装

【任务描述】

在机械装配的理论基础之上，对工业机器人工作站的轨迹实训模块进行安装与调试。

【任务实施】

轨迹实训模块的硬件连接操作见表 3-1。

表 3-1　轨迹实训模块硬件连接

序　号	步骤说明	图　片
1	将启动抓爪安装到机器人法兰盘上	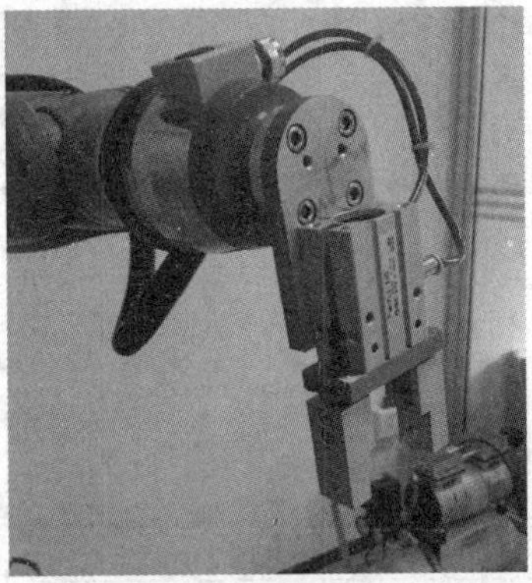
2	将 3D 实训工作台用螺栓安装到工作台支架上	
3	连接完好的轨迹实训模块工作台如图所示	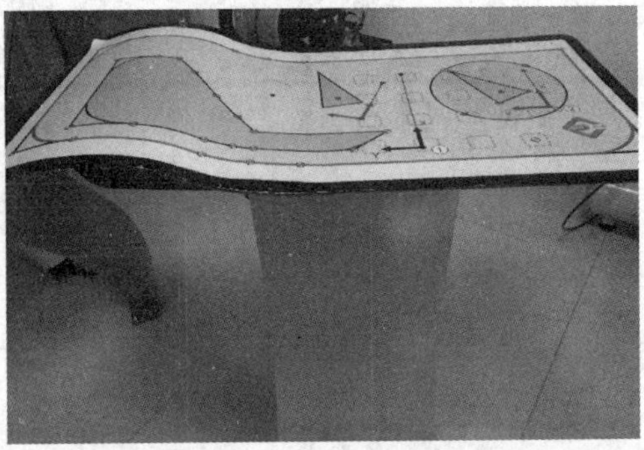

任务二　轨迹实训模块操作

【任务描述】

精确定位运动编程与实现

此轨迹实训模块用于完成三角形、圆形轮廓的轨迹运动编程，实训过程中需要用到 MoveAbsJ、MoveJ、MoveL 和 MoveC 运动控制指令。因此，完成此类轨迹编程，必须了解起始位置和轨迹逼近的理论知识，在实训过程中能熟练运用 MoveAbsJ、MoveJ、MoveL 等运动类型进行基础编程。如图 3－1 所示，实训区域中的三角形和圆形即为任务中的三角形和圆形轮廓。

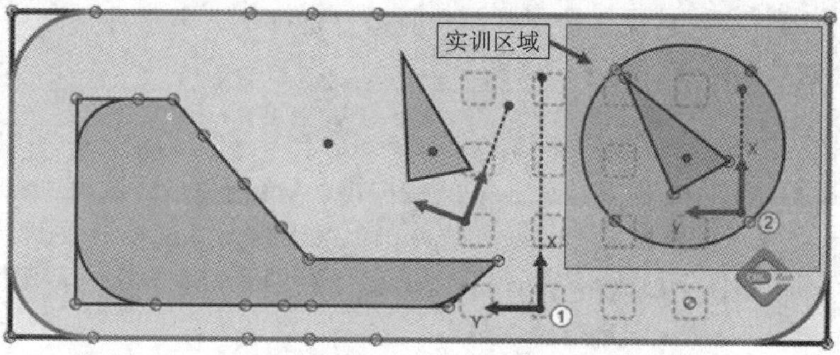

图 3－1　三角形和圆形轮廓运动编程实训区域

【知识学习】

1. 绝对定位运动指令(MoveAbsJ)

绝对定位运动指令 MoveAbsJ

绝对位置运动指令是机器人通过使用六个轴和外轴的角度值来定义目标位置数据的指令。程序举例：

```
MoveAbsJ jpos10\NoEOffs,v1000,z50,tool1\wobj1
```

MoveAbsJ 指令参数解析见表 3－2。

表 3－2　MoveAbsJ 指令参数解析

参　数	定　义
jpos10	目标点位置数据
\NoEOffs	外轴不带偏移数据
V1000	运动速度数据，1 000 mm/s
Z50	转弯区数据，转弯区的数值越大，机器人的动作越圆滑与流畅
Tool1	工具坐标数据
Wobj1	工件坐标数据

① 目标点位置数据：定义机器人 TCP 的运动目标，可以在示教器中单击“修改位置”进行修改。

② 运动速度数据：定义速度（mm/s），在手动限速状态下，所有运动速度被限速在250mm/s。

③ 转弯区数据：定义转弯区的大小 mm，转弯区数据 fine，是指机器人 TCP 达到目标点，在目标点速度降为零。机器人动作有所停顿后再向下运动，如果是一段路径的最后一个点，一定要为 fine。

④ 工具坐标数据：定义当前指令使用的工具。

⑤ 工件坐标数据：定义当前指令使用的工件坐标。

MoveAbsJ 运动指令常用于机器人 6 个轴回到机械原点的位置。

2. 关节运动指令（MoveJ）

关节运动
指令 MoveJ

关节运动指令是在对路径精度要求不高的情况下，将机器人的工具中心点 TCP 快速移动至给定目标点的指令。它的运行轨迹不一定是直线，整条轨迹只关注起点和终点。程序举例：

```
MoveJ P10,v1000,z50,tool1\wobj1
```

如图 3－2 所示，机器人 TCP 从当前位置 p10 处运动至 p20 处，运动轨迹不一定是直线。速度是 1000mm/s，拐弯区数据是 50mm。距离 p10 点还有 50mm 的时候开始转弯使用的是工具坐标数据 tool1，工件坐标数据为 wobj1。需要注意的是，MoveJ 运动指令适合机器人大范围运动，运动过程中不易出现机械死点状态。

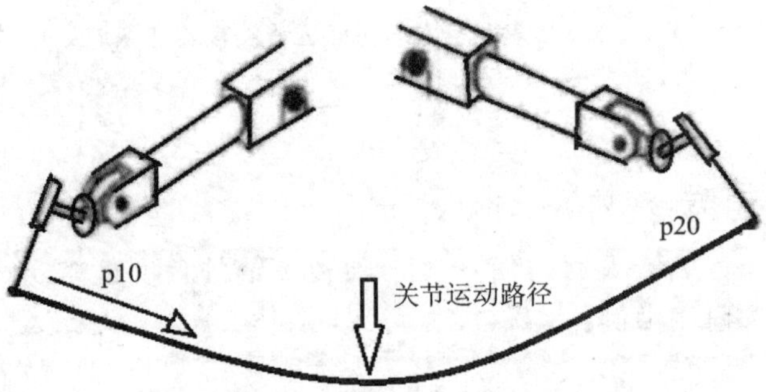

图 3－2　关节运动示意图

MoveJ 指令参数解析见表 3－3。

表 3－3　MoveJ 指令参数解析

参　数	含　义
P10	目标点位置数据
V1000	运动速度数据，1 000 mm/s
Z50	转弯区数据，转弯区的数值越大，机器人的动作越圆滑与流畅
Tool1	工具坐标数据
Wobj1	工件坐标数据

3. 线性运动指令（MoveL）

线性运动指令是将机器人 TCP 沿直线运动至给定目标点。它适合于对路径精度要求高

的场合,工业生产中主要应用在激光切割、涂胶、弧焊等。线性运动示意图如图 3-3 所示。程序举例:

```
MoveL p20,v1000,fine,tool1\wobj1
```

线性运动
指令 MoveL

MoveJ 指令参数解析见表 3-4。

表 3-4　MoveL 指令参数解析

参　数	含　义
P10	目标点位置数据
V1000	运动速度数据,1 000 mm/s
fine	转弯区数据,转弯区的数值越大,机器人的动作越圆滑与流畅
Tool1	工具坐标数据
Wobj1	工件坐标数据

4. 圆弧运动指令(MoveC)

圆弧运动
指令 MoveC

圆弧运动指令是将机器人 TCP 沿圆弧形式运动至给定目标点。程序举例:

```
MvoeC p20,p30,v1000,z50,tool1\ wobj1
```

圆弧路径是在机器人可到达的空间范围内定义三个位置点,第一个点是当前位置点,也就是圆弧的起点,第二个点用于圆弧的曲率,第三个点是圆弧的终点。圆弧运动示意如图 3-3 所示。

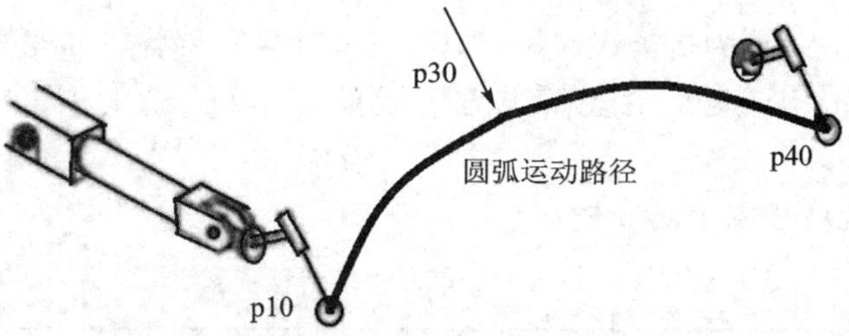

图 3-3　圆弧运动示意图

MoveC 指令参数解析见表 3-5。

表 3-5　MoveC 指令参数解析

参　数	含　义
P20	圆弧第二点目标位置数据
P30	圆弧第三点目标位置数据
V1000	运动速度数据,1 000 mm/s
z50	转弯区数据,转弯区的数值越大,机器人的动作越圆滑与流畅
Tool1	工具坐标数据
Wobj1	工件坐标数据

5. Offs 偏移功能

偏移指令是以选定的目标点为基准，沿着选定的工件坐标系的 X/Y/Z 轴方向进行偏移。程序举例：

```
MoveL offs(p10,0,0,40),v100,z50,tool0\wobj: = wobj0
```

此程序是将机器人 TCP 移动至以 p10 为基准点，沿着工件坐标系的 z 轴正方向偏移 10mm 的位置。

偏移功能指令 Offs

【任务实施】

三角形轮廓运动编程。

要完成的三角形轮廓轨迹如图 3 - 4 所示。

三角形轮廓运动编程

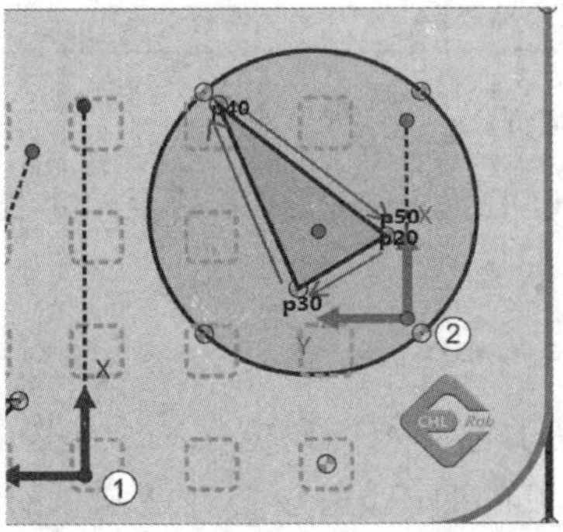

图 3 - 4　三角形轮廓轨迹

在三角形中，将 p10 点为机器人起始点，p20～p50 点分别为三角形轮廓轨迹点，p50 点为轮廓终点（p20 和 p50 点重合），在轮廓上方区域指定一个合适的点 p60 作为轨迹终点的安全点。

三角形轮廓编程的步骤见表 3 - 6。

表 3 - 6　三角形轮廓编程步骤

序　号	步骤说明	图　片
1	在可编程按键中对夹具状态进行配置，通过可编程按键控制夹具松/开状态，手动控制机器人夹住尖点工具	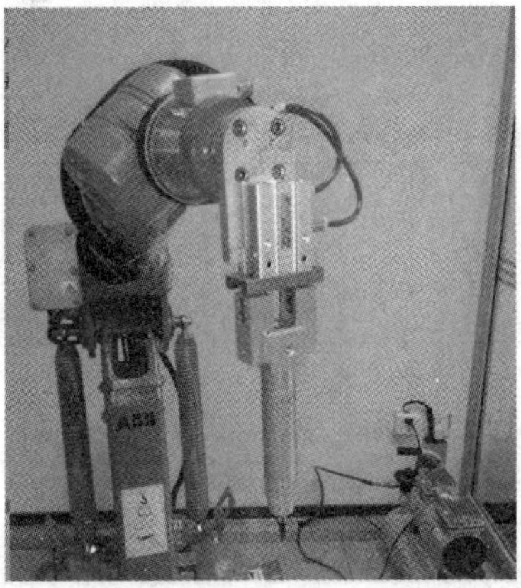

续表 3-6

序　号	步骤说明	图　片
2	进入 ABB 主菜单，在示教器操作界面中选择“控制面板”	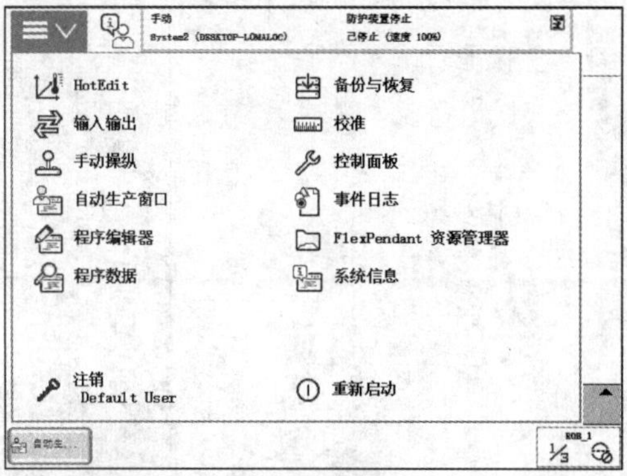
3	在示教器操作界面，单击“程序编辑器”	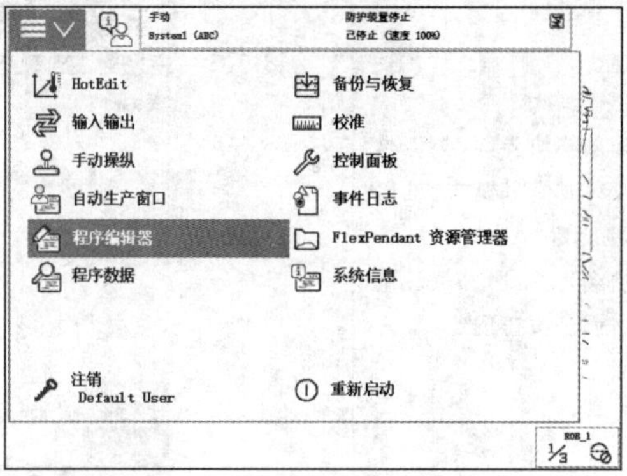
4	在弹出的选择对话框中选择“取消”按钮，进入模块列表界面	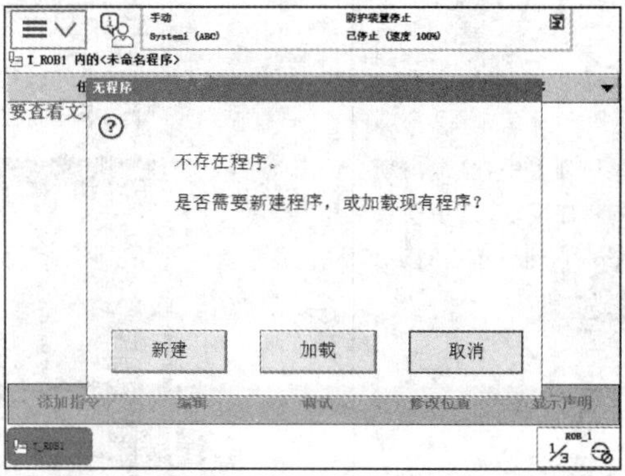
5	单击“文件”菜单，然后单击选择“新建模块”选项；文件中的“加载模块”表示加载需要使用的模块；“另存模块为”表示保存模块到机器人硬盘；“删除模块”表示将模块从运行内存删除，但不影响已在硬盘保存的模块	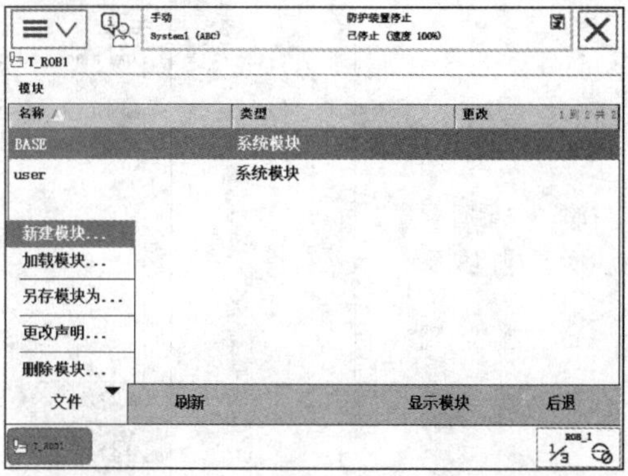

续表 3-6

序　号	步骤说明	图　片
6	弹出选择对话框，选择“是”按钮	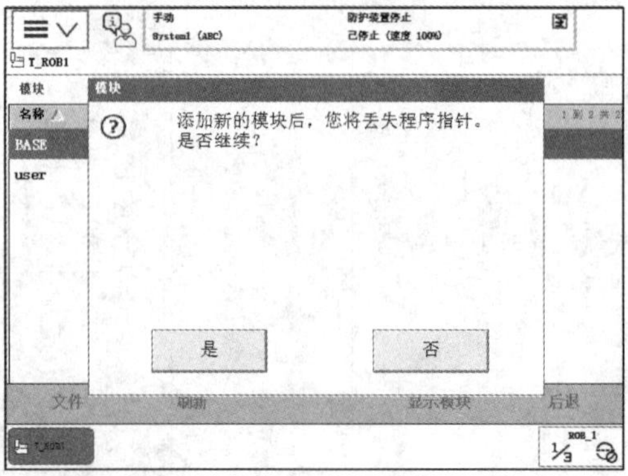
7	创建新模块界面，类型是Program程序模块，可以通过按钮“ABC…”进行模块名称的设定，然后单击“确定”按钮创建	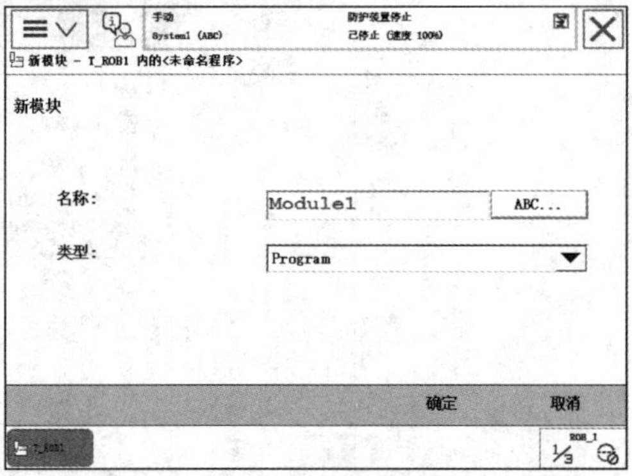
8	在模块列表中，显示出新建的程序模块，选中模块Module1，然后单击“显示模块”按钮	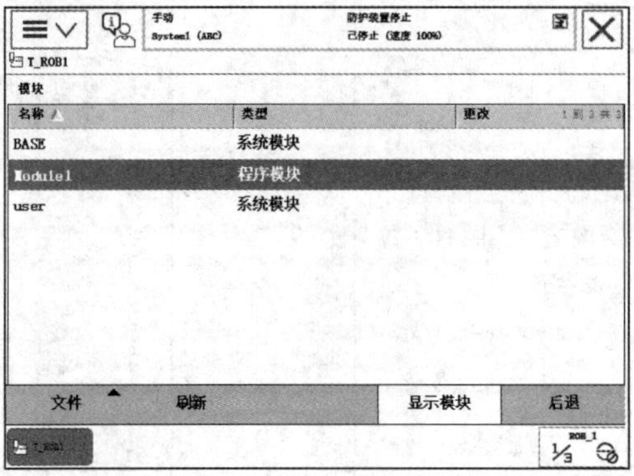
9	单击右图中“例行程序”进行例行程序的创建	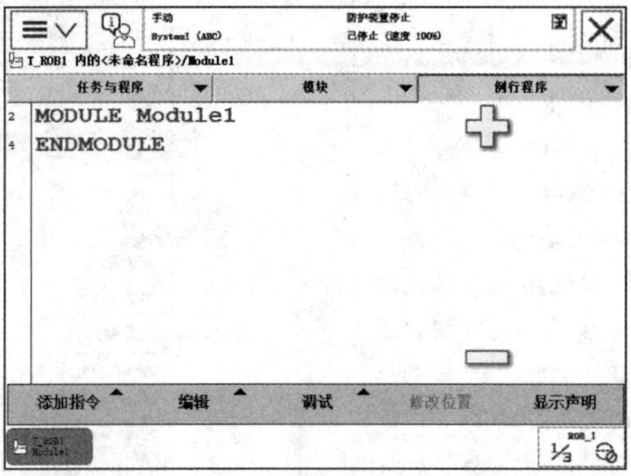

续表 3-6

序　号	步骤说明	图　片
10	在显示例行程序界面，单击“文件”菜单，选择“新建例行程序”	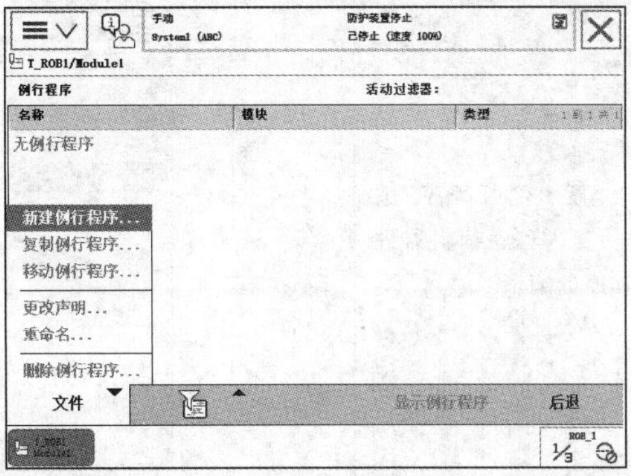
11	新建一个主程序，将其名称设定为 main，然后单击“确定”按钮	
12	单击“文件”选项，在下拉菜单中选择“新建例行程序”，以新建一个程序	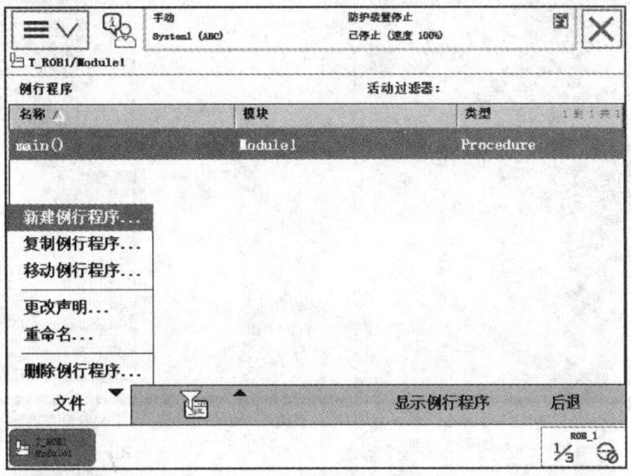
13	根据需要新建例行程序，程序名称可以在系统保留字段之外自由定义，然后单击“确定”按钮完成程序的创建	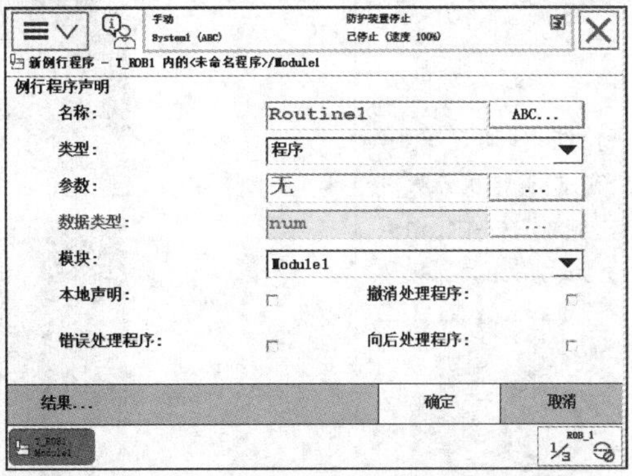

续表 3-6

序　号	步骤说明	图　片
14	单击“显示例行程序”选项，可进入程序编辑器进行程序的编辑	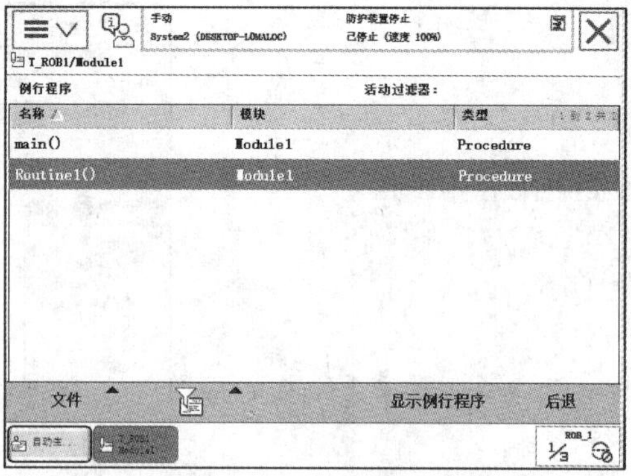
15	点击“添加指令”按钮，打开指令列表	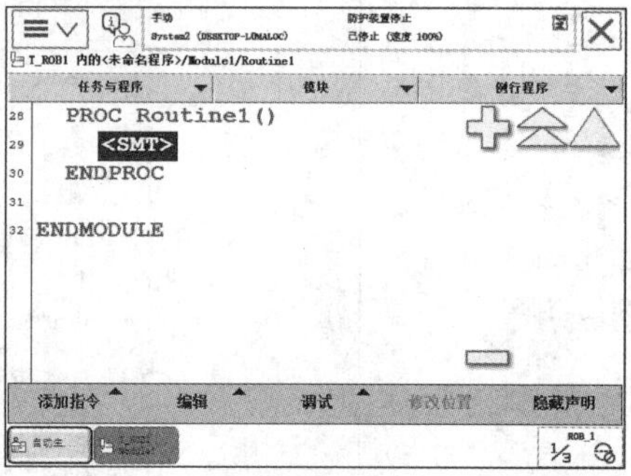
16	根据实际需求使用对应的程序指令	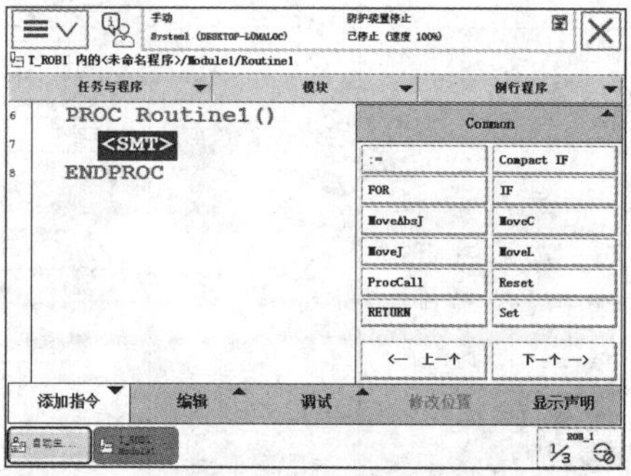
17	按住使能键，通过单轴/线性等控制，将机器人分别运动到 HOME、p10、p20、p30、p40、p50、p60	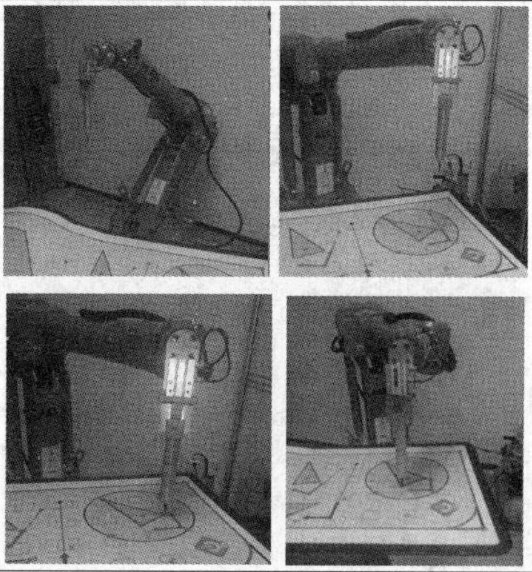

续表 3-6

序　号	步骤说明	图　片
17	按住使能键，通过单轴/线性等控制，将机器人分别运动到 HOME、p10、p20、p30、p40、p50、p60	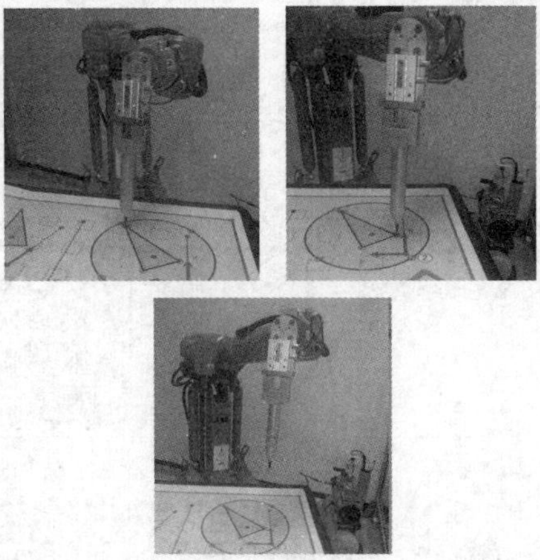
18	在指令列表中选择添加 MoveJ 指令，如右图所示	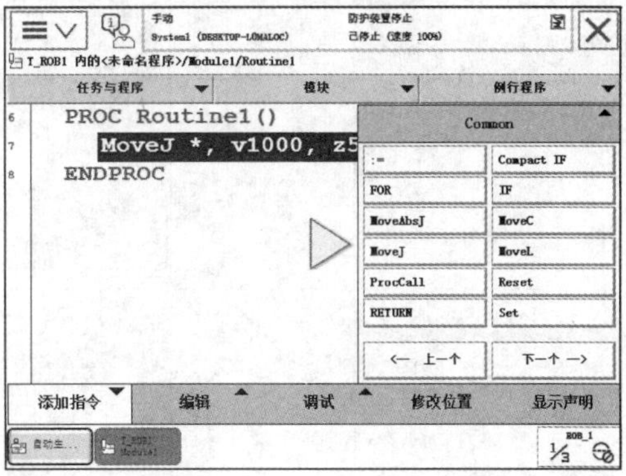
19	关闭指令列表，双击右图中“＊”进入指令参数修改界面	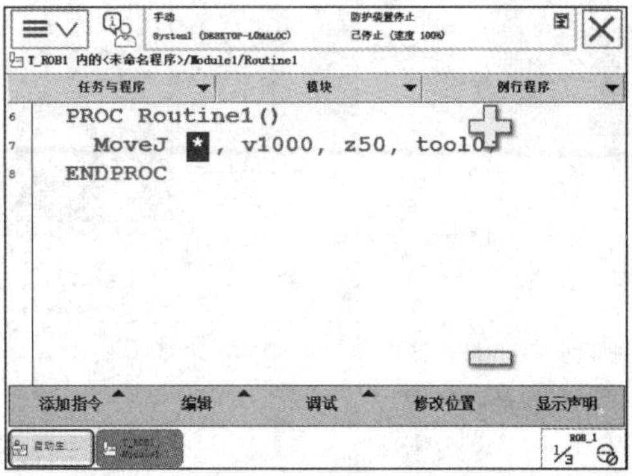

续表 3－6

序　号	步骤说明	图　　片
20	通过新建或选择对应的参数数据，设定轨迹点名称、速度、转弯半径等数据，如右图所示	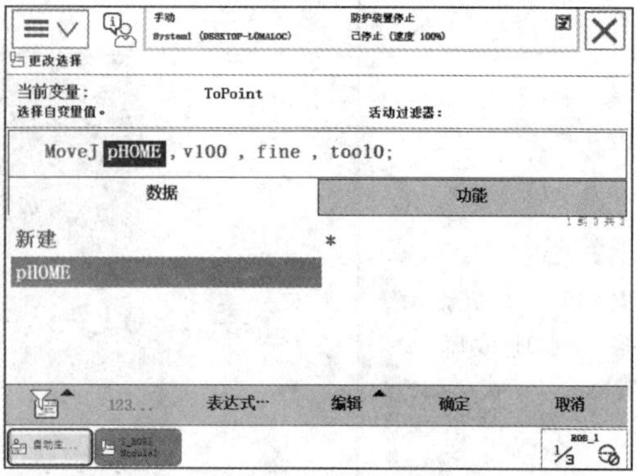
21	选中该指令行中的pHome目标点，单击“修改位置”按钮，将机器人的当前位置数据记录下来	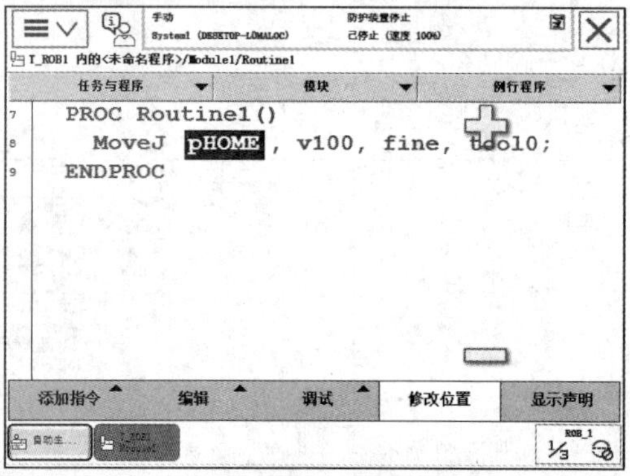
22	在弹出的选择框中选择“修改”按钮进行位置确认	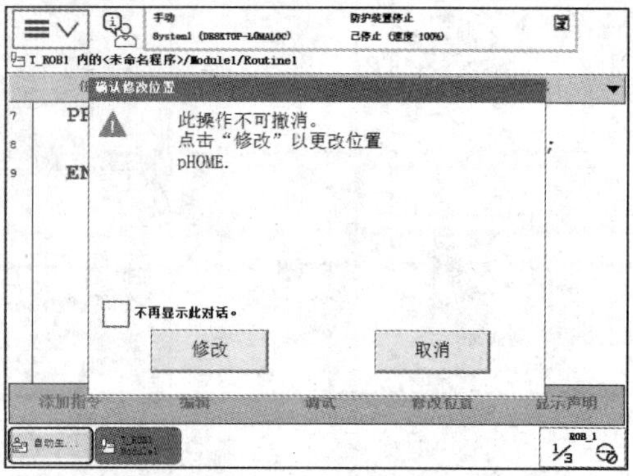
23	以同样的方法，将机器人p10、p20、p30、p40、p50、p60位置点方便保存在对应的运动指令目标点，并修改运动指令中的参数，如右图所示	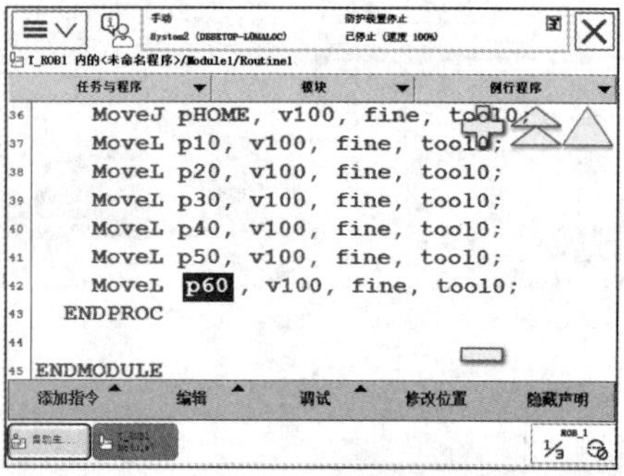

续表 3－6

序　号	步骤说明	图　片
24	点击“调试”按钮，选择“PP 移至例行程序”选项	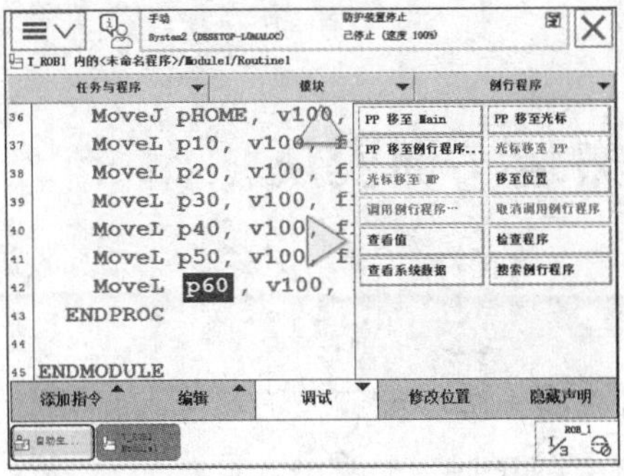
25	选择要调试的程序	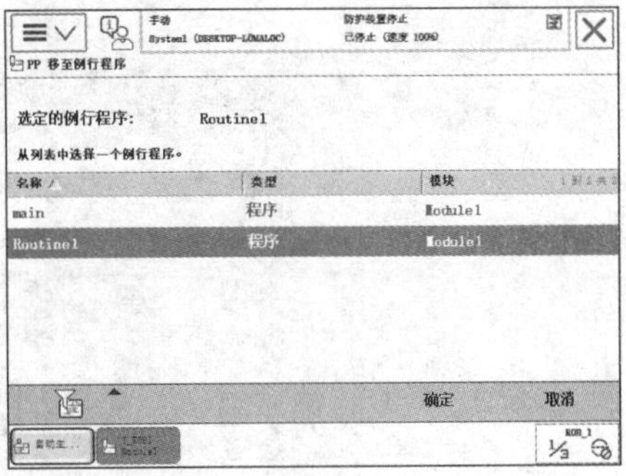
26	选择要调试的程序后，点击“确定”按钮，程序首行出现运行指针，可开始执行程序	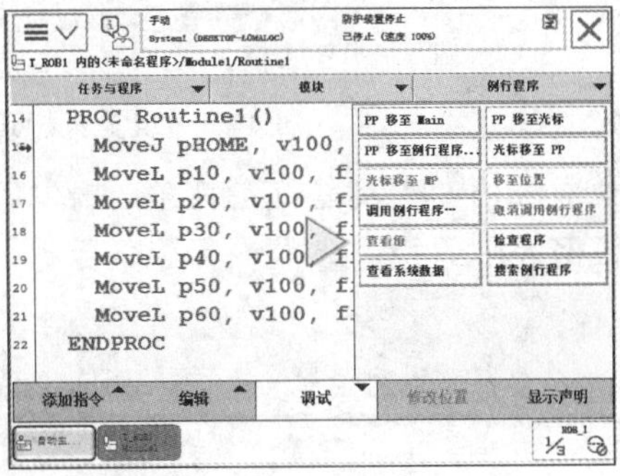
27	按下执行按钮，机器人在手动运行模式下执行三角形程序	

项目四　搬运实训模块操作

任　务　搬运实训模块操作

【任务描述】

掌握 ABB 机器人程序编程及 I/O 信号的设置，完成机器人将物料码垛盘依次搬运至位置 1～位置 6 的运动，如图 4-1 所示。此次搬运码垛任务可以通过程序数据创建、目标点示教、程序编写及调试来完成。

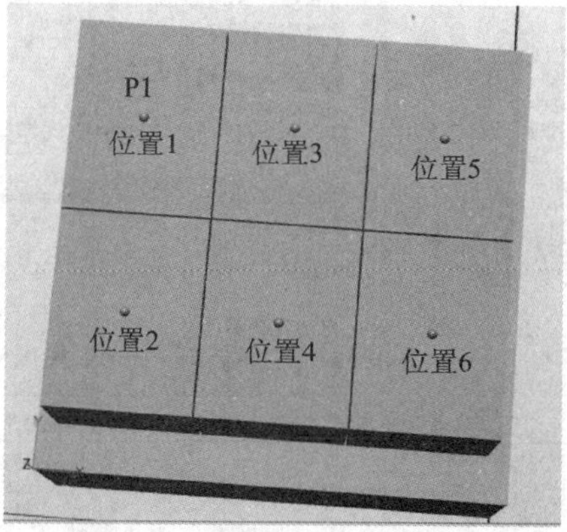

图 4-1　机器人搬运物料位置图

搬运实训模块采用的工具是气动抓爪，如图 4-2 所示，工具数据 tGripper 的各项参数如表 4-1 所列，根据表中的相关参数设置工具数据。

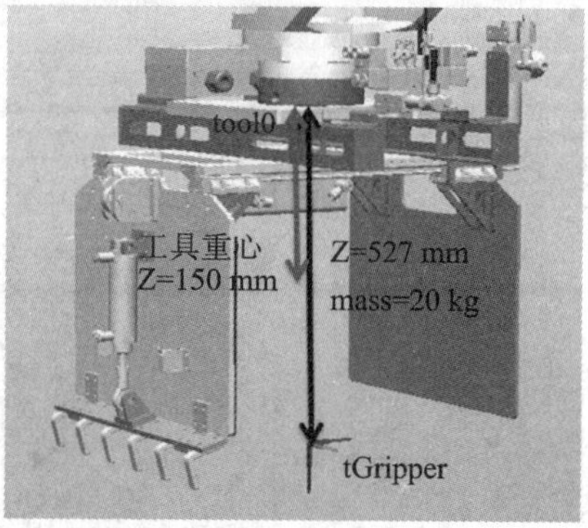

图 4-2　启动抓爪及相关参数

表 4－1　工具数据 tGripper 各项参数

参数名称	参数数值
robothold	TRUE
trans	
x	0
y	0
z	527
rot	
q1	1
q2	0
q3	0
q4	0
mass	20
cog	
x	0
y	0
z	150
其余参数均为默认值	

搬运实训工作台采用的坐标系是通过三点法创建的，坐标系方向如图 4－3 所示。

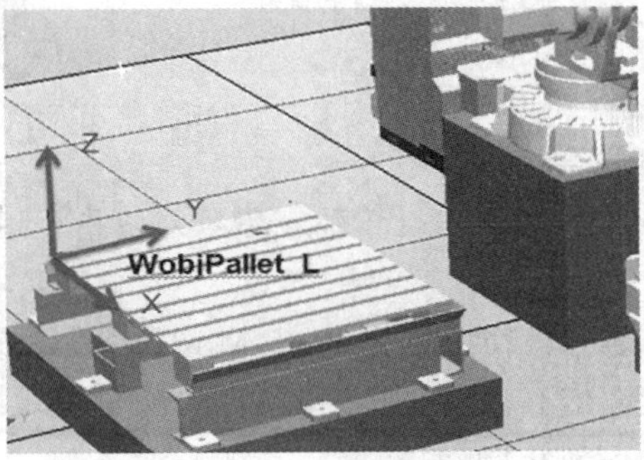

图 4－3　工作台坐标系

【知识学习】

触发指令
编程与实现

1. I/O 控制指令

I/O 控制指令用于控制 I/O 信号，以达到与机器人周边设备进行通信的目的。在工业机器人工作站中，I/O 通讯是很重要的学习内容，主要是指通过对 PLC 的通讯设置来实现信号的交互，例如当打开相应开关，使 PLC 输出信号，机器人就会接收到这个输入信号，然后做出相应的反应，来实现某项任务。

(1) Set 数字信号置位指令

如图 4-4 所示,添加 Set 指令。Set 数字信号置位指令用于将数字输出(Digital Output)置位为 1。Set do1 指令解析见表 4-2。

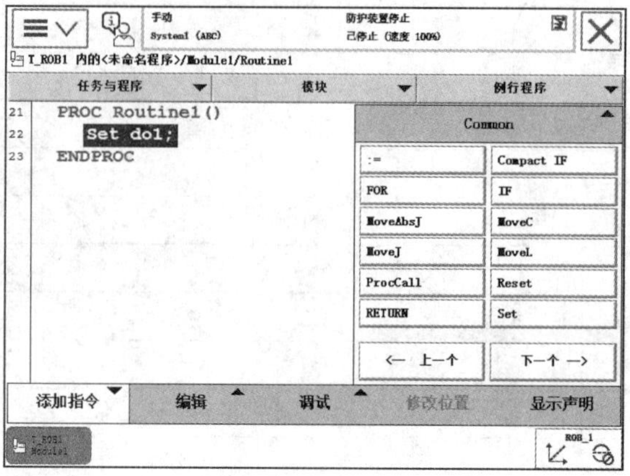

图 4-4　set 指令

表 4-2　Set do1 指令解析

参数	含义
do1	数字输出信号

将数字信号置为 1,对应的执行器就开始工作。此外,set do 还可设置延时时间,例如:

```
SetDO\SDelay:=0.2,do10_1,1
```

这条指令在延迟 0.2s 后将 do10_1 置为 1。

(2) Reset 数字信号复位指令

如图 4-5 所示,添加 Reset 指令。Reset 数字信号复位指令用于将数字输出(Digital Output)置位为 0。

如果在 Set、Reset 指令前有运动指令 MoveL、MoveJ、MoveC、MoveAbsJ 的转弯区数据,必须使用 fine 才可以准确地输出 I/O 信号状态的变化。

(3) WaitDI 数字输入信号判断指令

如图 4-6 所示,添加 WaitDI 指令。WaitDI 数字输入信号判断指令用于判断数字输入信号的值是否与目标一致。WaitDI 指令解析见表 4-3。

表 4-3　WaitDI 指令解析

参数	含义
di1	数字输入信号
1	判断的目标值

在程序执行此指令时,等待 di1 的值为 1。如果 di1 为 1,则程序继续往下执行;如果达到最大等待时间 300 s(此时间可以根据实际进行设定)以后,di1 的值还不为 1,则机器人报警或进入出错处理程序。

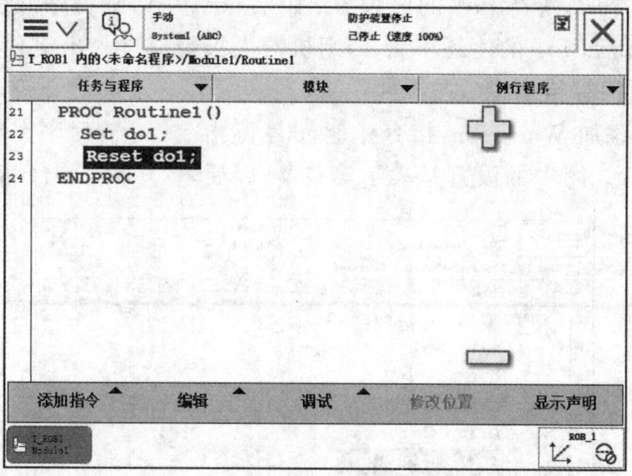

图 4-5　reset 指令

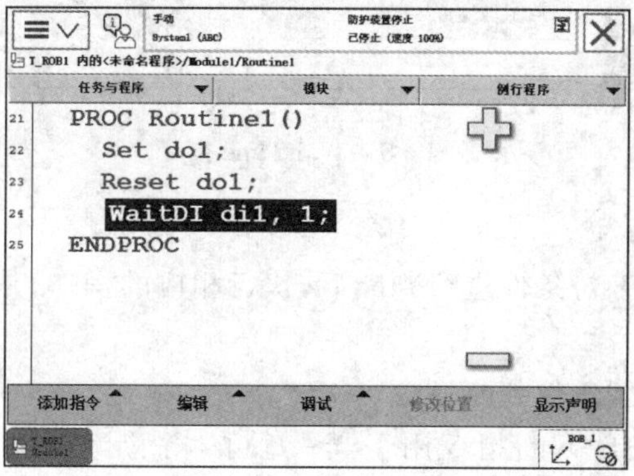

图 4-6　WaitDI 指令

(4) WaitDO 数字输出信号判断指令

如图 4-7 所示,添加 WaitDO 指令。WaitDO 数字输出信号判断指令用于判断数字输出信号的值是否与目标一致。

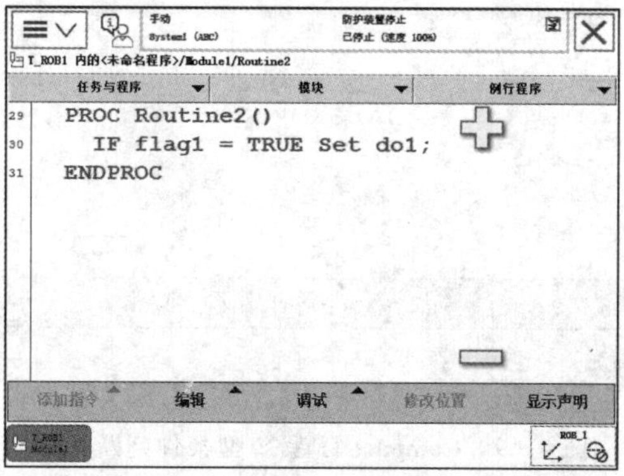

图 4-7　WaitDO 指令

在程序执行此指令时，等待 do1 的值为 1。如果 do1 为 1，则程序继续往下执行；如果达到最大等待时间 300s 以后，do1 的值还不为 1，则机器人报警或进入出错处理程序。

（5）WaitTime 时间等待指令

如图 4 - 8 所示，添加 WaitTime 指令。时间等待指令，用于程序在等待一个指定的时间以后，再继续向下执行。图中的设置是表示等待 4s 以后，程序向下执行指令。

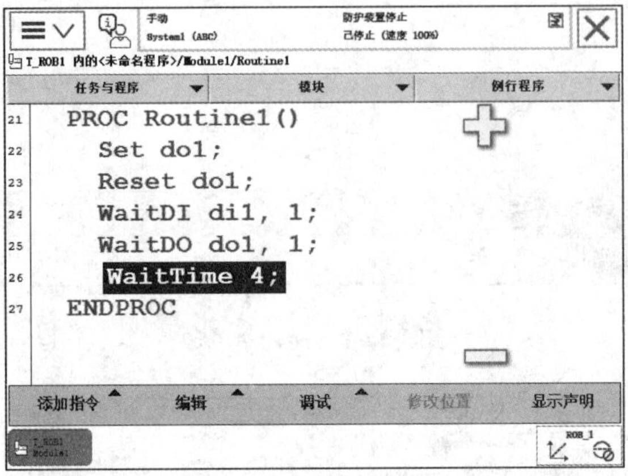

图 4 - 8　WaitTime 指令

2. 条件逻辑判断指令

条件逻辑判断指令用于对条件进行判断后，执行相应的操作，是 RAPID 中重要的组成部分。

条件逻辑判断指令

（1）Compact IF 紧凑型条件判断指令

Compact IF 紧凑型条件判断指令用于当一个条件满足后，就执行一句指令。如图 4 - 9 所示，如果 flag1 的状态为 TRUE，则 do1 被置位为 1。

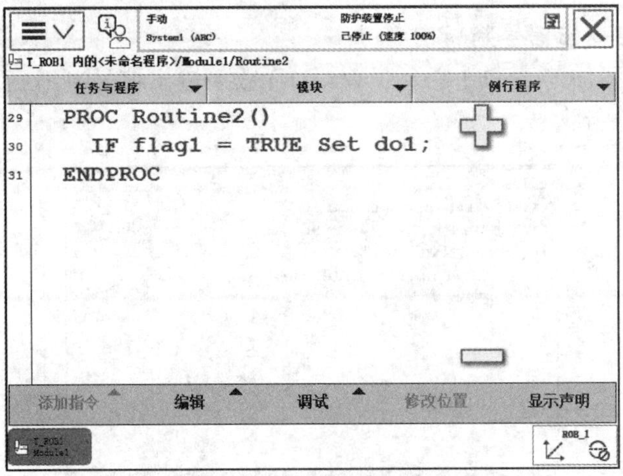

图 4 - 9　Compact IF 紧凑型条件判断指令

（2）IF 条件判断指令

IF 条件判断指令，就是根据不同的条件去执行不同的指令，如图 4 - 10 所示。如果 num1

为 1，则 flag1 会赋值为 TRUE；如果 num1 为 2，则 flag1 会赋值为 FALSE。除了以上两种条件之外，则执行 do1 位置为 1。

条件判定的条件数量可以根据实际情况进行增加与减少。

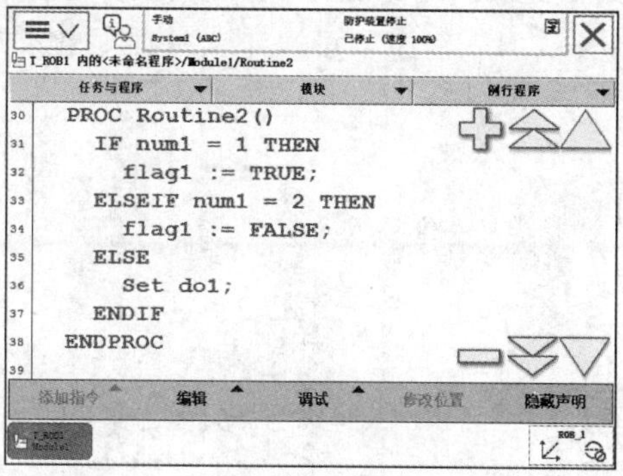

图 4－10　IF 条件判断指令

(3) FOR 重复执行判断指令

FOR 重复执行判断指令，适用于一个或多个指令需要重复执行数次的情况。如图 4－11 所示，例行程序 Routine1，重复执行 10 次。

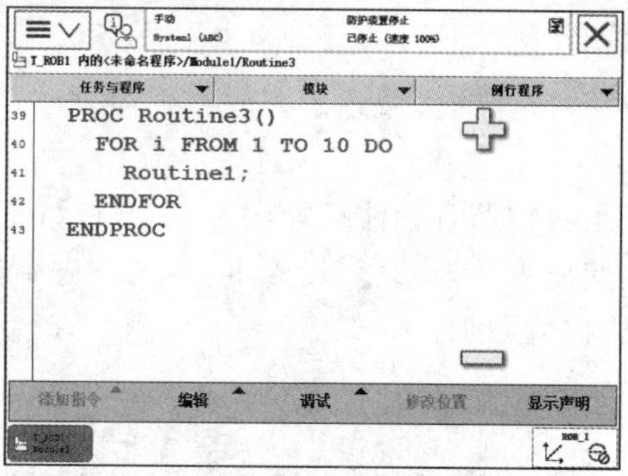

图 4－11　FOR 重复执行判断指令

(4) WHILE 条件判断指令

WHILE 条件判断指令，用于在给定条件满足的情况下，一直重复执行对应的指令。如图 4－12 所示，当 num1＞num2 的条件满足的情况下，就一直执行 num1：＝num1－1 的操作。

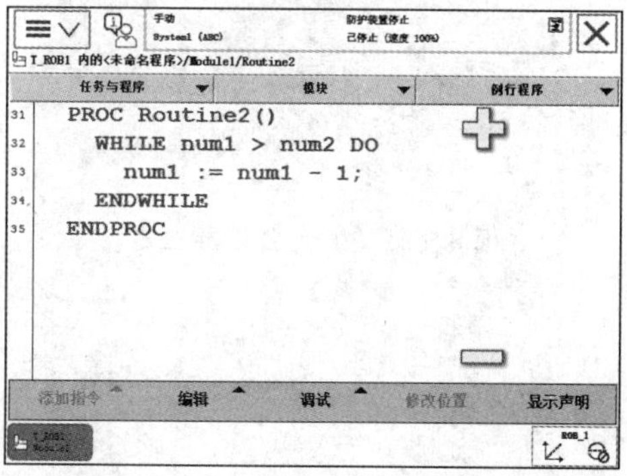

图 4－12　WHILE 条件判断指令

3. 数组的应用

在定义程序数据时，可以将同种类型、同种用途的数值存放在同一个数据中，当调用该数据时需要写明索引号来指定调用的是该数据中的哪个数值，这就是所谓的数组。在 RAPID 程序中可以定义一维数组、二维数组以及三维数组。

机器人程序中数组的应用

一维数组程序举例：

```
CONST num num1{3}:=[5, 7, 9];定义一维数组 num1
num2:=num1{2},则 num2 被赋值为 7
```

二维数组程序举例：

```
CONST num num1{3,4}:=[[1,2,3,4], [5,6,7,8], [9,10,11,12]];定义二维数组:
num2:=num1{3,2},则 num2 被赋值为 10
```

在程序编写过程中，当需要调用大量同种类型、同种用处的数据时，创建数据时可以利用数组来存放该数据，这样便于在编程过程中对其进行灵活调用；甚至在大量 IO 信号调用过程中，也可以先将 IO 进行别名的操作，即将 IO 信号与信号数据关联起来，之后将这些信号数据定义为数组类型，在程序编写中便于对同类型、同用处的信号进行调用。

4. 利用数组存储码垛位置

对于一些常见的码垛应用，可以利用数组来存放各个摆放位置数据，这样在放置程序中直接调用该数据即可。

这里以一个简单的例子来介绍此种用法。如图 4-13 所示，工作台长 200mm，宽 150mm，在工作台上 6 个位置点分别摆放工件，可以采用以下方法：首先示教一个基准位置点 P1，之后创建一个数组，用于存储摆放位置数据。

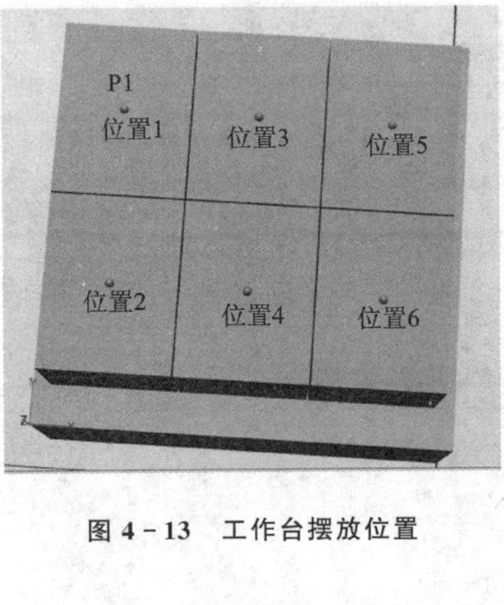

图 4-13 工作台摆放位置

创建的数组为：

```
CONST num nPosition{6,2}:= [[0, 0], [0, - 200], [150, 0,], [150, - 200,], [300, 0,],
[300, - 200,]]
```

在该数组中共有 6 组数据，分别对应 6 个摆放位置，每组数据中有两项数值，分别对应 X

轴和 Y 轴上的偏移值。该数组中的各项数值只需按照几何算法算出各摆放位置相对于基准点 P1 的 X 轴和 Y 轴上的偏移值即可。

然后还需要定义数字型数据，用于产品计数，即：

```
PERS num nCount：= 1
```

搬运码垛的编程与实现

【任务实施】

完成搬运码垛的程序编辑步骤见表 4－4。

表 4－4 搬运码垛编程步骤

序 号	步骤说明	图 片
1	在示教器主界面选择“程序数据”选项	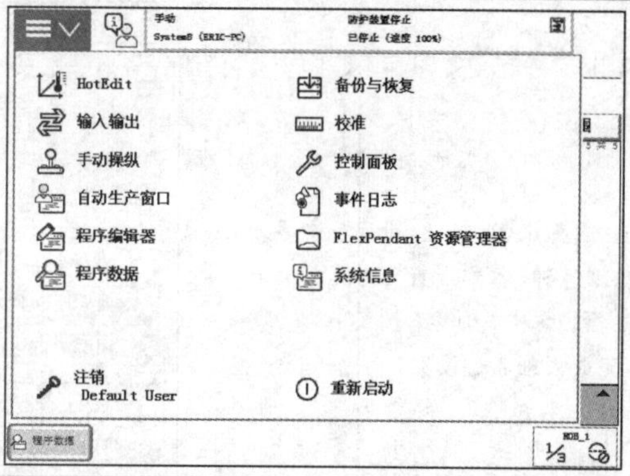
2	选中右图的数据类型 num，并点击“显示数据”按钮	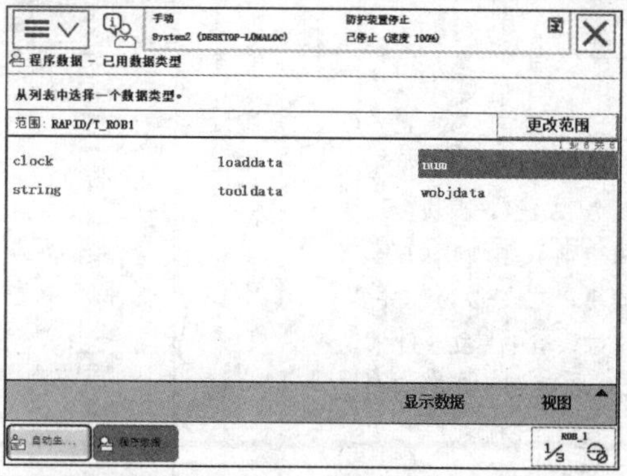
3	在数据编辑界面选择“新建…”按钮，新建数据	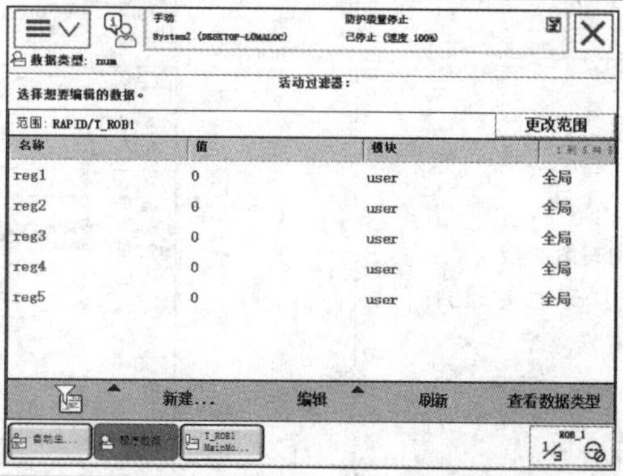

续表 4-4

序 号	步骤说明	图 片
3	在数据编辑界面选择“新建…”按钮，新建数据	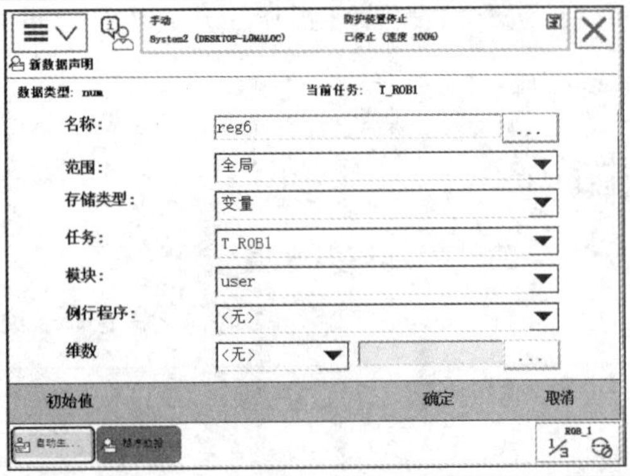
4	点击“名称编辑”按钮，设置数据名称，名称设置完成之后，点击“确定”按钮，完成数据名称设置	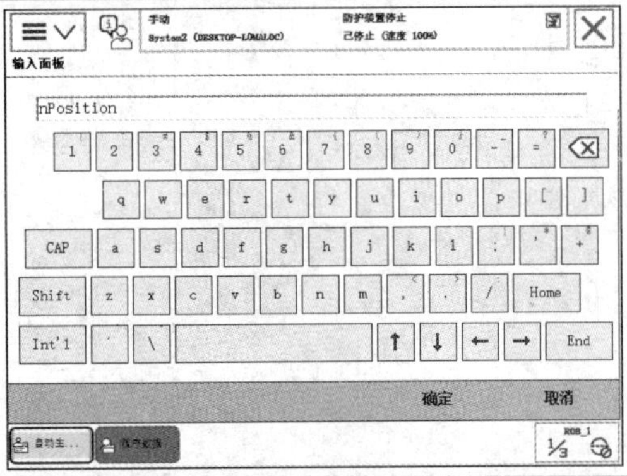
5	如右图所示，“存储类型”更改为“常量”，“模块”更改为当前数据使用的程序模块，“维数”改为 2，并在二维数组中建立 6 行 2 列，然后点击“确定”按钮，完成数组的建立	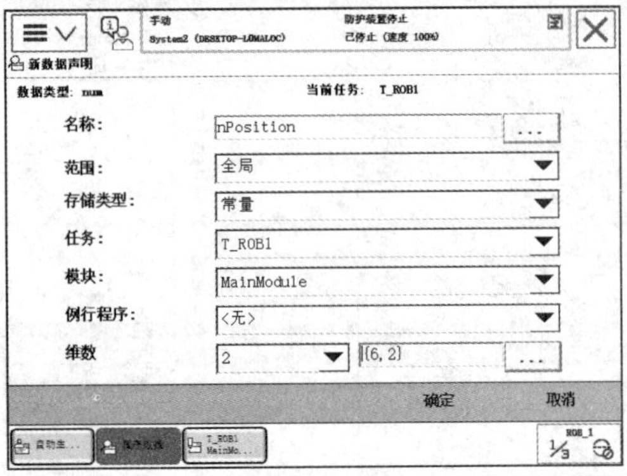
6	选中右图的数组数据，点击“编辑”按钮，选择“更改值”选项	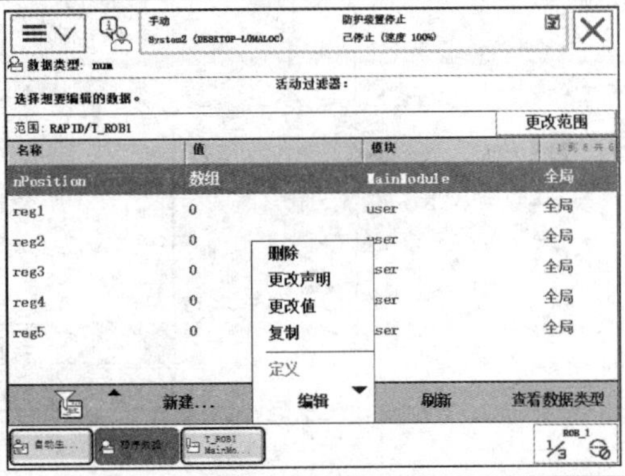

续表 4-4

序　号	步骤说明	图　片
7	根据实际工件偏移的距离进行设定，nPosition{6,2}：=[[0，0]，[0，－200]，[150，0，]，[150，－200，]，[300，0，]，[300，－200，]]，然后点击“关闭”按钮，完成二维数组数据的创建	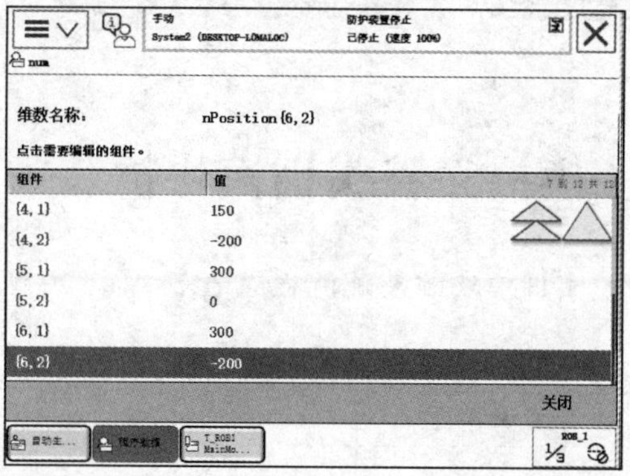

项目五　模拟涂胶实训模块拆装及操作

任务一　模拟涂胶实训模块拆装

模拟涂胶实训模块的装配流程见表5-1。

表5-1　模拟涂胶实训模块装配步骤

序　号	步骤说明	图　片
1	将胶枪工具架固定到地面上	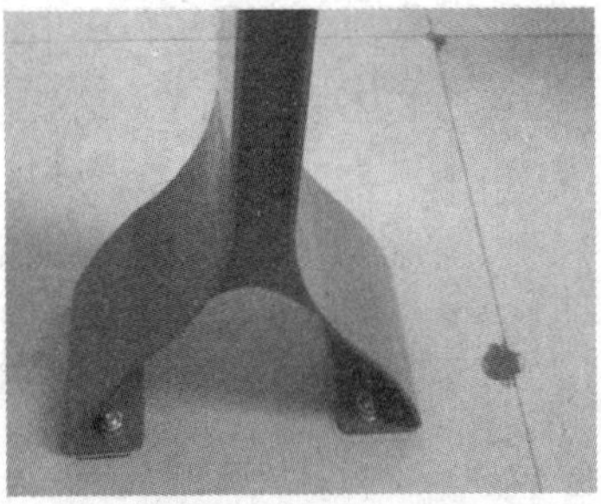
2	将模拟胶枪的工具固定在工具架上	
3	将气动抓爪安装到机器人上	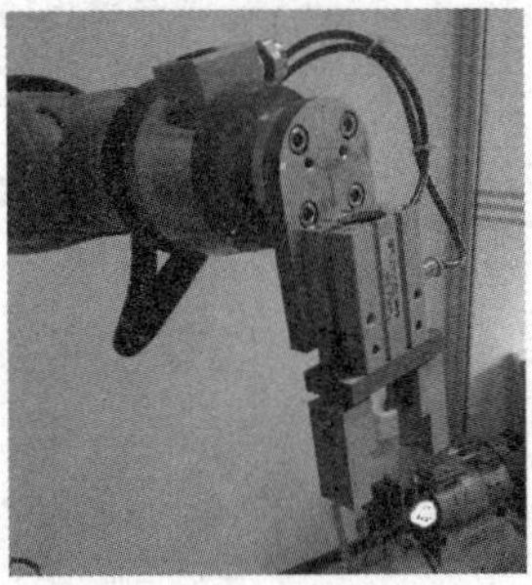

任务二　模拟涂胶实训模块操作

【任务描述】

本次实训任务以标牌轮廓轨迹为例。图 5－1 所示为模拟涂胶的轨迹示意图。P40～P140 点是轮廓上的轨迹点，P30 点（图中未显示）是 P40 和 P140 的安全点，位于其上方。由于从 HOME 点移动到 P30 点或从 P140 点回到 HOME 点时，机器人姿态改变过大，考虑到其运动空间和碰撞危险，须在 HOME 点和 P30 之间添加中间点 P10 和 P20 点（图中未显示）。

模拟涂胶运动编程与实现

尖点工具作为外部工具喷嘴，标牌作为活动工件，如图 5－2 所示，示教编程给定的轮廓。

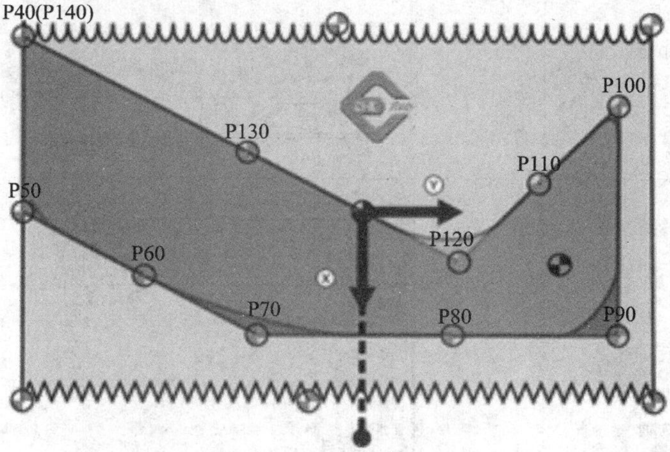

图 5－1　标牌轮廓轨迹

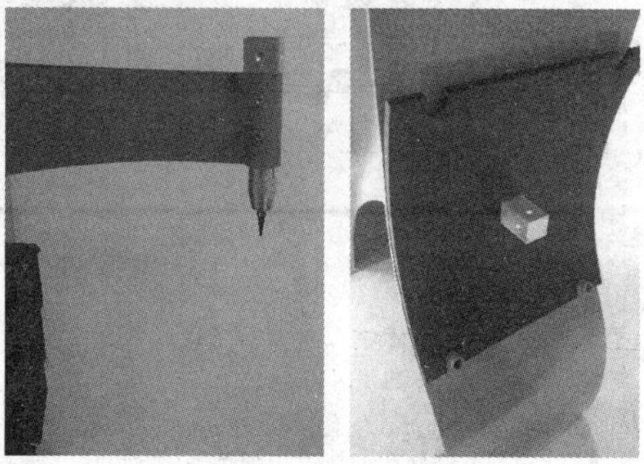

图 5－2　模拟胶枪及活动工件标牌

【知识学习】

固定工具和活动工件的使用

1. 创建固定工具

在包含大型机械（例如切割工具、压具和冲压切具）的应用中，会使用固定工具。当机器人上的工具使用不便或操作困难时，可以使用固定工具来执行操作。固定工具的操作步骤见表 5－2。

表 5－2　固定工具的操作步骤

序　号	步骤说明	图　片
1	在示教器主界面中选择“手动操纵”选项	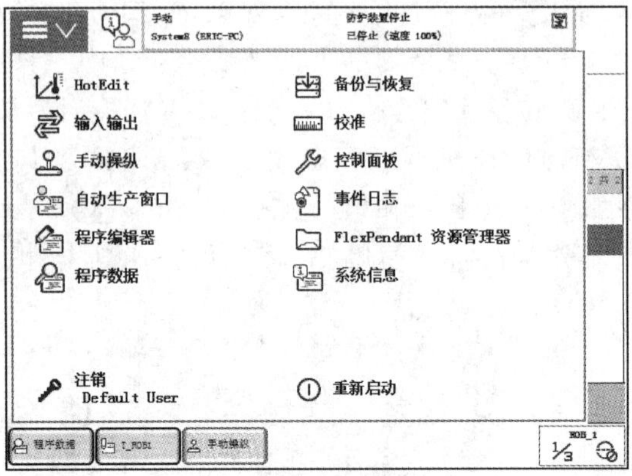
2	在“手动操纵”界面选择“工具坐标”选项	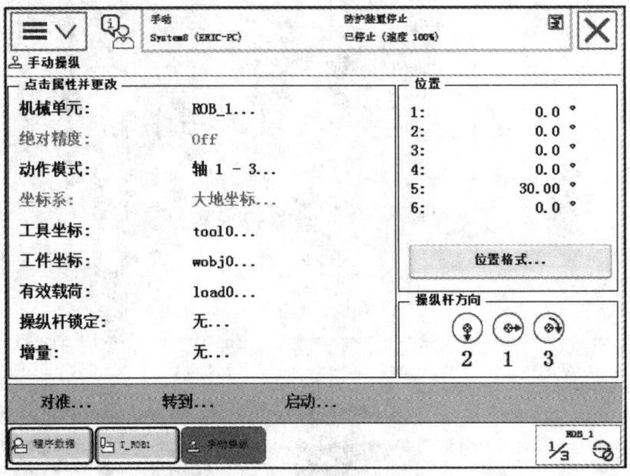
3	在工具列表中选中需要的工具，如右图所示	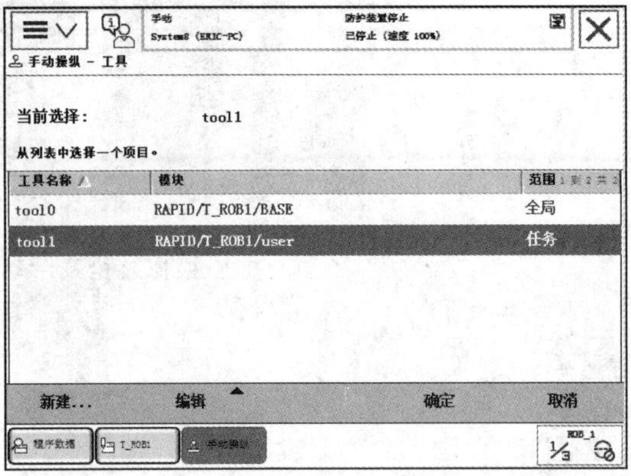

续表 5－2

序　号	步骤说明	图　片
4	点击“编辑”按钮，选择“更改值”选项	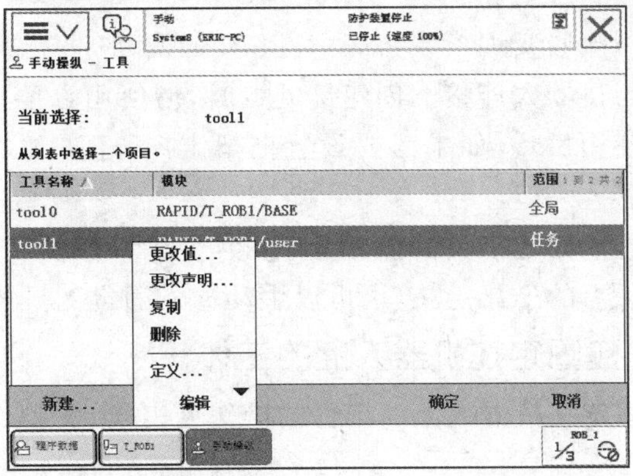
5	选中 robhold，将其值设为 FALSE，如右图所示	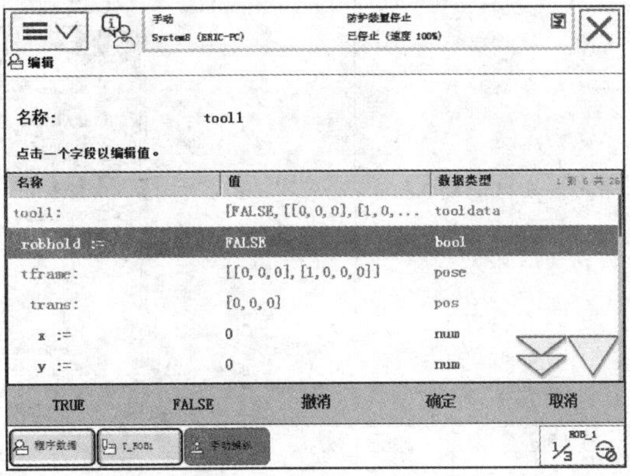
6	点击“确定”按钮，即可完成固定工具的设置，若点击“取消”按钮，则使用原设置	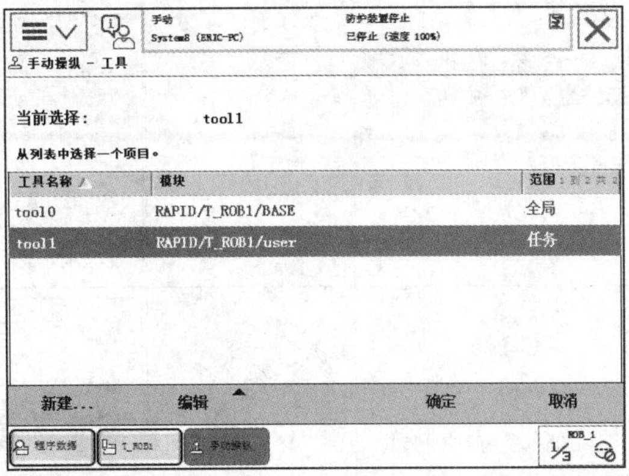
注：设定工具过程中，使用已经测量好并安装在机器人上的工具		

2. 固定工具的设置

固定工具的标定与安装在机器人法兰上的工具的标定方法一致，如图 5－3 所示。

在模拟涂胶实训模块中，固定工具的测量，要求大地坐标参照顶点必须与机器人连接。创建接近点时，请使用参照顶点的测量值来定义和使用工具，如果需要设置框架定向，还需要在固定工具上附加延伸器。

计算建立固定工具的坐标系时，为了尽量减少错误，可以手动输入参照顶点的工具定义，也可以手动输入固定工具的定义。

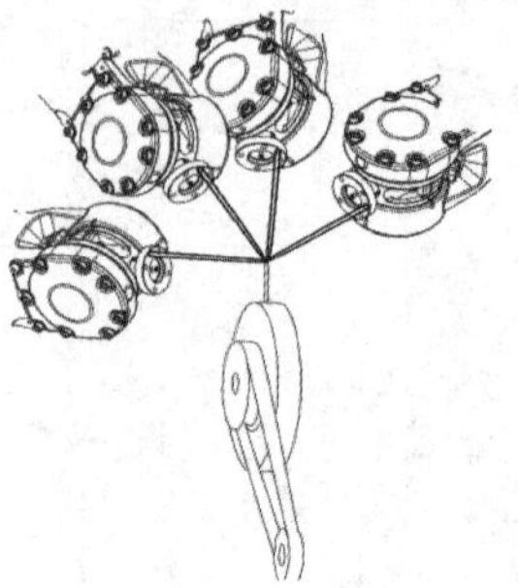

图 5－3　测量固定工具示意图

3. 创建固定在机器人上的工件

创建固定在机器人上的工件的操作见表 5－3。

表 5－3　创建固定在机器人上的工件的步骤

序　号	步骤说明	图　片
1	在示教器主界面选择“手动操纵”选项	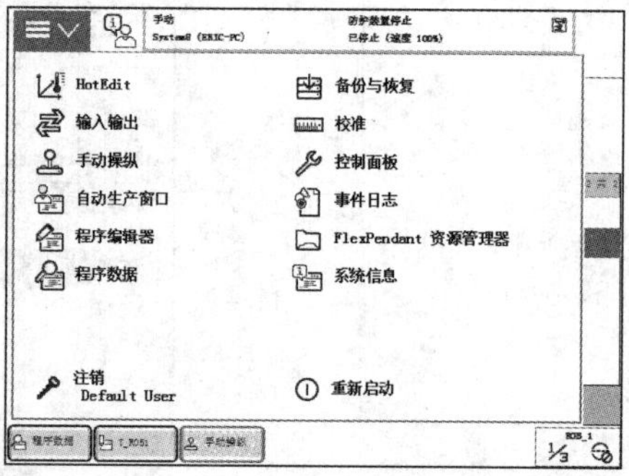
2	在“手动操纵”界面，选择“工件坐标”选项	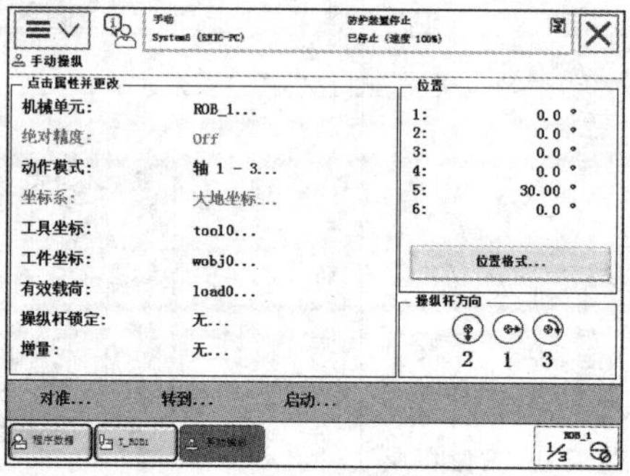
3	在工件坐标列表中，选择需要编辑的工件，如右图所示	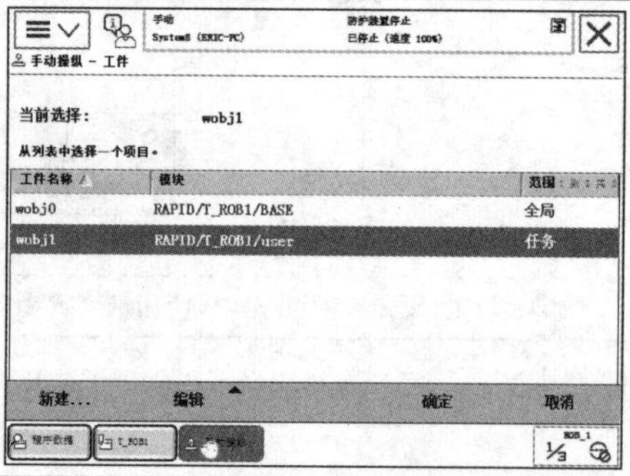

续表 5－3

序　号	步骤说明	图　片
4	点击“编辑”按钮，然后选择“更改值”选项	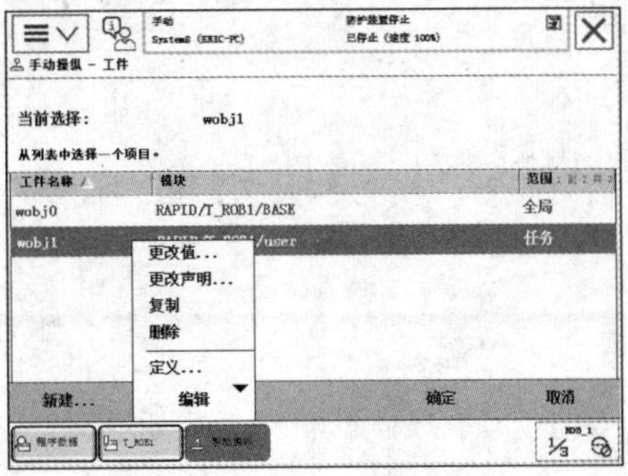
5	在工件编辑界面，选中robhold，将其值设为TRUE	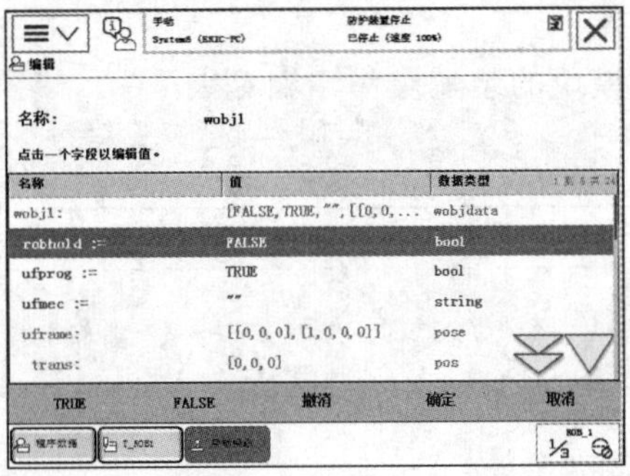
6	点击“确定”按钮，工件即可固定在机器人上，若点击“取消”按钮，则采用原设置	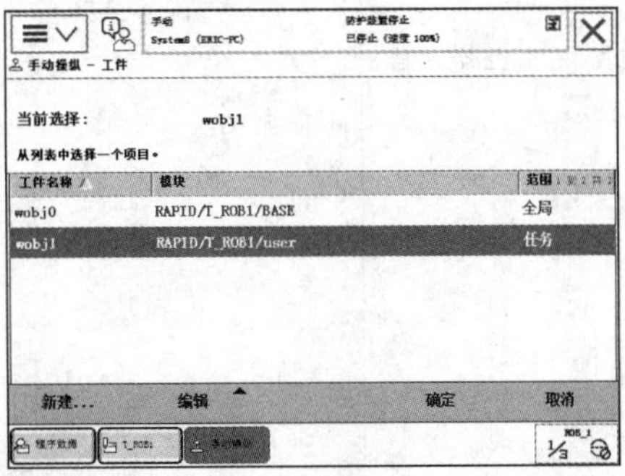

活动工件的坐标系设置与定义工件坐标相同，即三点法。

项目六　焊接实训模块拆装与操作

任务一　焊接实训模块拆装

【任务描述】

了解焊接实训模块的构成，将焊接实训模块装配到一起。

【任务实施】

焊接实训模块的装配操作步骤见表 6－1。

表 6－1　焊接实训模块装配步骤

序　号	步骤说明	图　片
1	将焊枪装配到机器人法兰盘上	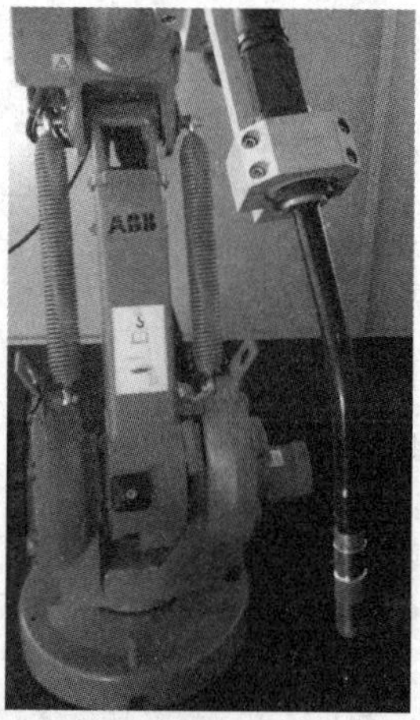
2	将送丝机安装到机器人上	

续表 6-1

序　号	步骤说明	图　片
3	将焊丝盘安装到机器人上	
4	将保护气瓶与机器人连接	
5	将焊接电源与机器人连接完好	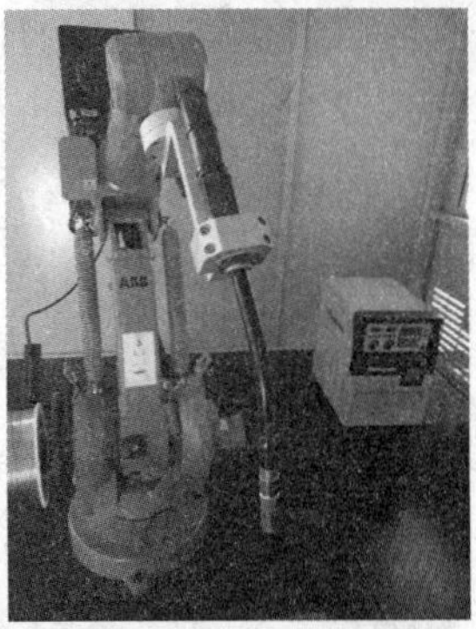
6	将工作台连接完好	

任务二 焊接实训模块操作

【任务描述】

本次任务是完成手动示教编辑焊接程序，使机器人能够完成从 P10 点运动到 P30 点的焊接示教过程，示教的焊接轨迹如图 6－1 所示。

图 6－1 焊接示教过程

【知识学习】

1. 焊接应用特点类型

焊接机器人作为当前广泛使用的先进自动化焊接设备，具有通用性强、焊接稳定的优点，并且操作简捷、功能丰富，越来越受到人们的重视。使用机器人完成一项焊接任务只需操作者对焊接轨迹进行一次示教，机器人即可精确地再现示教轨迹的每一步操作。如果让机器人去做另一项工作，无须改变任何硬件，只要对机器人再做一次示教即可。归纳起来，焊接机器人的主要优点如下：

① 稳定且提高焊接质量，保证焊缝的均匀性；

② 提高劳动生产率，可 24 小时连续工作；

③ 改善工人劳动条件，可在有害环境下工作；

④ 降低对工人操作技术的要求；

⑤ 缩短产品改型换代的准备周期，减少相应的设备投资；

⑥ 可实现小批量产品的焊接自动化；

⑦ 能在空间站建设、核电站维修、深水焊接等极限条件下完成人工难以进行的焊接作业；

⑧ 为焊接柔性生产线提供技术基础。

2. 焊接指令的应用

焊接指令的应用

ABB 焊接工业机器人的弧焊指令的基本功能与普通 Move 指令一样，可实现运动及定位。另外，弧焊指令还包括三个焊接参数：seam，weld，weave。

(1) ArcL 指令

直接焊接指令，功能类似于 MoveL 指令，其主要包含以下 3 个选项：

① ArcLStart：开始焊接。

② ArcLEnd：焊接结束。

③ ArcL：焊接中间点。

(2) ArcC 指令

圆弧焊接指令，功能类似于 MoveC，其主要包含以下 3 个选项：

① ArcCStart：开始焊接。

② ArcCEnd:焊接结束。

③ ArcC:焊接中间点。

(3) Seam 指令:(弧焊参数,Seamdata)

Seam 指令是弧焊参数的一种,该指令定义了起弧和收弧时的相关参数,如图 6-2 所示,主要参数包括:purge_time、preflow_time、post_time,各参数含义见表 6-2。

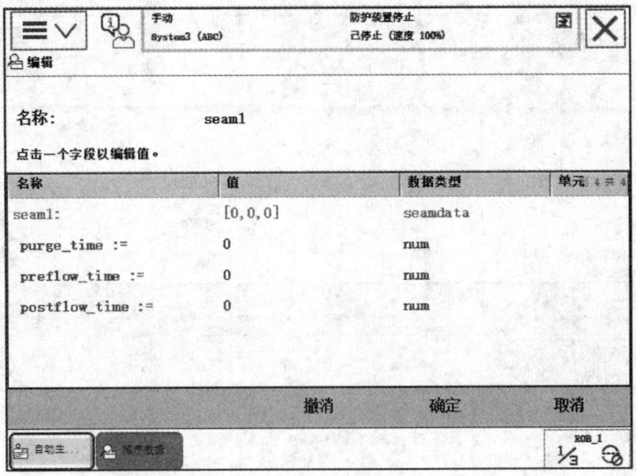

图 6-2　Seam 弧焊参数

表 6-2　Seam 参数含义

弧焊参数(指令)	指令定义的参数
Purge_time	保护气管路的预充气时间,单位:秒
Preflow_time	保护气的预吹气时间
Postflow	收弧后保护气体的吹气时间(为防止焊缝氧化)

(4) Weave 指令(弧焊参数,Weavedata)

Weave 指令是弧焊参数的一种,定义摆动参数,如图 6-3 所示,其含义见表 6-3。

表 6-3　Weave 参数含义

弧焊参数(指令)	指令定义的参数	
Weave_shape 焊枪摆动类型	0	无摆动
	1	平面锯齿形摆动
	2	空间 V 字形摆动
	3	空间三角形摆动
Weave_type 机器人摆动方式	0	机器人所有的轴均参与摆动
	1	仅手腕参与摆动
Weave_length	摆动一个周期的长度	
Weave_width	摆动一个周期的宽度	
Weave_height	空间摆动一个周期的高度	

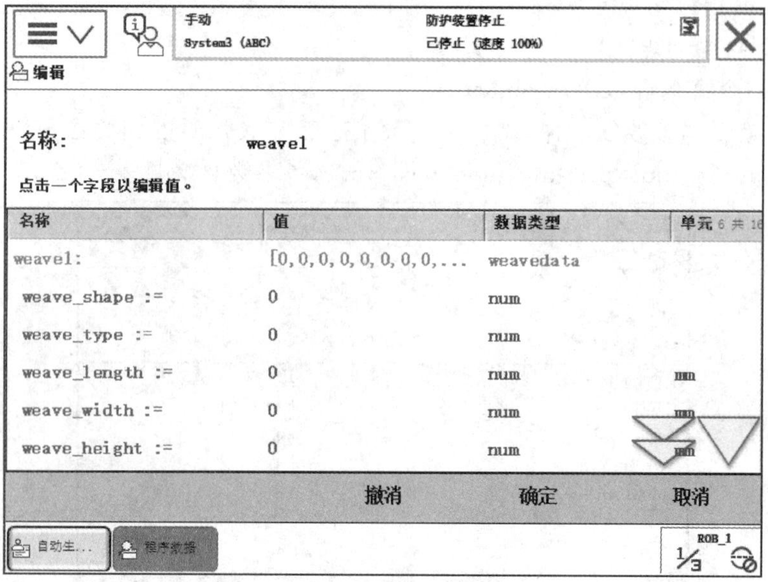

图 6-3　Weave 弧焊参数

(5) 典型语句示例

```
ArcLStart p10,v200,seam1,weld1,fine,tool0;
```

ArcLStart:直接移动焊枪焊接。

p10:目标点位置。

V200:单步运行时的焊枪移动速度,在焊接过程中被 weld_speed 取代。

fine:zonedata,同普通的 Move 指令,但焊接指令中一般均用 fine。

tool0:tooldata,同普通的 Move 指令,定义工具坐标系参数,一般不用修改。

3. CO_2气体保护焊工艺及焊前准备

(1) CO_2气体保护焊工艺特点

CO_2气体保护焊工艺一般包括短路过渡和细滴过渡两种。

短路过渡工艺采用细焊丝、小电流和低电压。焊接时,熔滴细小而过渡频率高,飞溅小,焊缝成形美观。短路过渡工艺主要用于焊接薄板及全位置焊接。

细滴过渡工艺采用较粗的焊丝,焊接电流较大,电弧电压也较高。焊接时,电弧是连续的,焊丝熔化后以细滴形式进行过渡,电弧穿透力强,母材熔深大。细滴过渡工艺适用于中厚板焊件的焊接。

CO2 保护焊的焊接参数包括焊丝直径、焊接电流、电弧电压、焊接速度、保护气流量及焊丝伸出长度等。如果采用细滴过渡工艺进行焊接,电弧电压必须在 34～45V 范围内,焊接电流则根据焊丝直径来选择。对于不同直径的焊丝,实现细滴过渡的焊接电流下限是不同的,具体参数见表 6-4。

表 6-4　细滴过渡工艺焊接参数

焊丝直径/mm	电流下限/A	电弧电压/V
1.2	300	34～45
1.6	400	
2.0	500	
4.0	700	

(2) 焊接参数

在焊接实训模块中，CO_2气体浓度为 99.5%以上，焊丝为直径 1.2mm 的碳钢药芯，焊接参数见表 6-5。

表 6-5　焊接参数

焊接参数	设定值
焊丝直径	1.2mm
电流下限	300A
电弧电压	34～45V
焊接速度	40～60m/h
保护气流量	25～50L/min

(3) 焊前准备

① 锁定焊弧工艺——在空载或调试焊接程序时，需要禁止焊接启动功能，或禁止其他功能(摆动启动功能、跟踪启动功能、适用焊接速度功能)。

② 手动送丝和退丝——在确定引弧位置时，常常要使焊丝有合适的伸出长度并与工件轻轻接触，故需要手动送丝功能；若焊丝长度超过要求，则需要适用手动退丝功能或手工剪断。一般来说，焊丝伸出焊枪长度为 15 倍焊丝直径，故手动送丝时，焊丝伸出长度为 10～15mm。

③ 手动控制保护气——保护气的流量对焊接质量有重要影响，焊接时的保护气流量必须在焊前准备过程中调节好。

④ Torch Servics 清枪系统——Torch Servics 是一套焊枪的维护系统，如图 6-4 所示，在

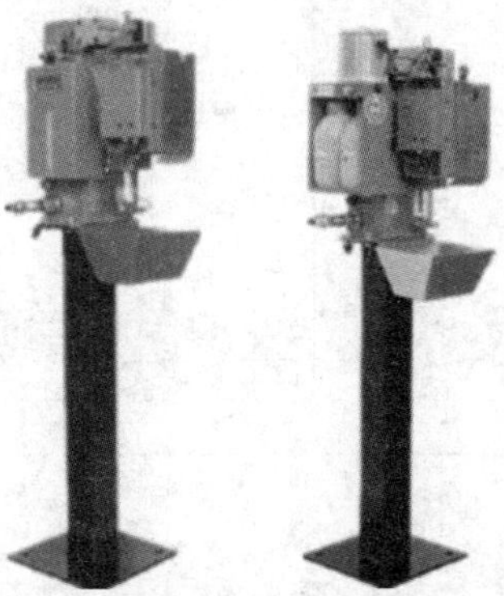

图 6-4　Torch Servics 清枪系统

焊接过程中有清焊渣、喷雾、剪焊丝 3 个动作，以保证焊接过程的顺利进行，减少人为干预，使整个自动化焊接工作站流畅运转；它使用最简单的控制原理，用 3 个输出信号控制 3 个动作的启动和停止。

焊接指令编程与实现

【任务实施】

机器人进行焊接示教编程的操作步骤见表 6－6。

表 6－6　焊接示教编程操作步骤

序　号	步骤说明	图　片
1	首先在工作台上，安装要焊接的工件	
2	在机器人示教器上，点击 ABB 按钮，进入主菜单，然后点击“程序编辑器”选项，在弹出的选择对话框中，单击“新建”按钮，以新建程序模块	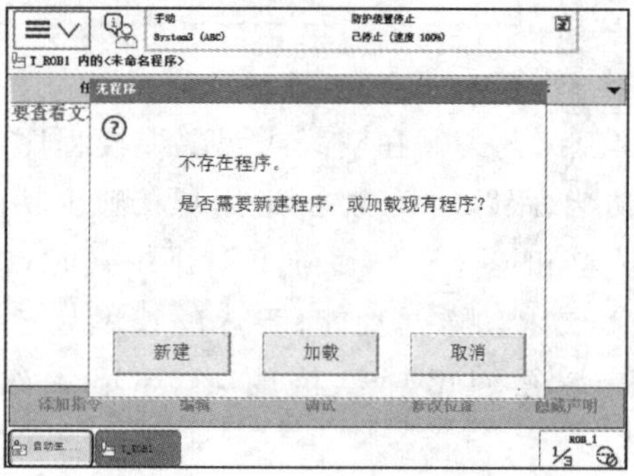
3	单击“例行程序”选项栏进入例行程序的创建，单击“文件”菜单，选择“新建例行程序”，进入程序编辑界面	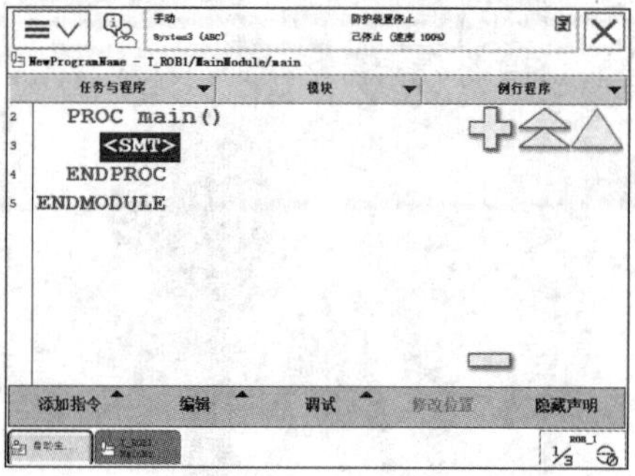

续表 6-6

序　号	步骤说明	图　片
4	单击“添加指令”按钮，选择 Motion&Proc	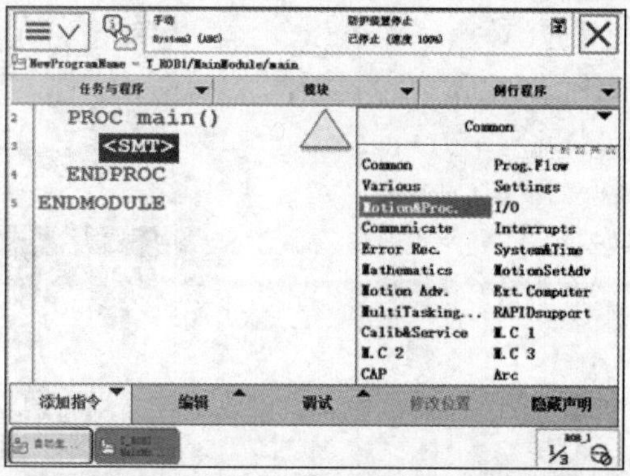
5	手动操作机器人，将其移动到 p10 点（焊接开始点）	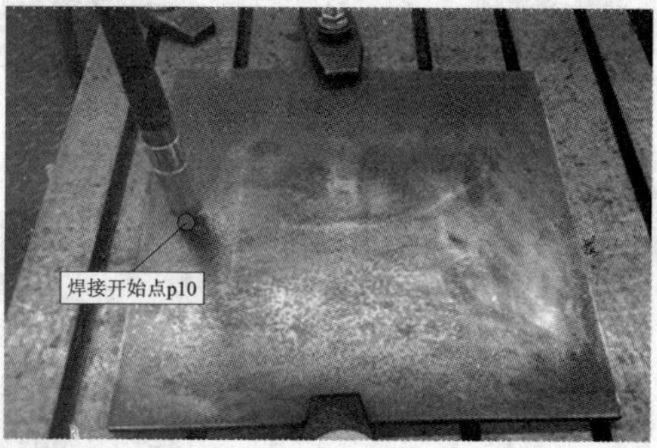
6	添加指令 ArcLStart，第一个 EXP 选择 seam1（焊接电流），然后单击“确定”按钮	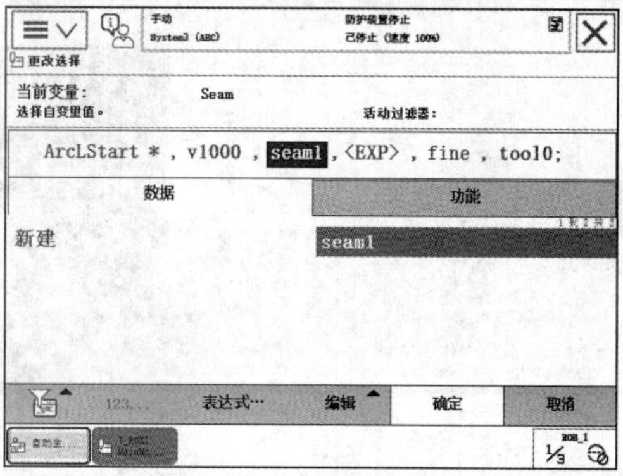
7	第二个 EXP 选择 weld1（焊接电压），然后单击“确定”按钮	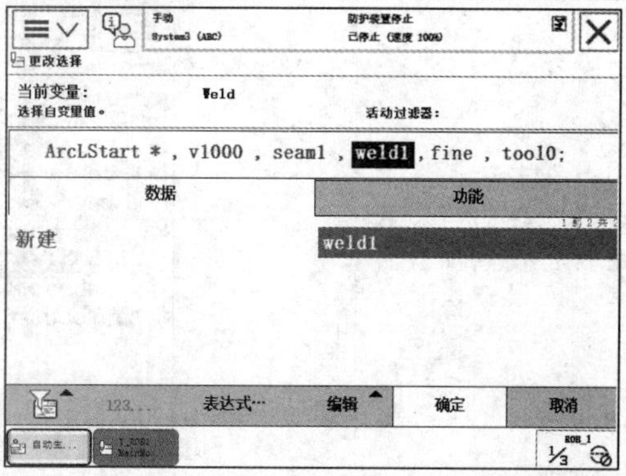

续表 6-6

序　号	步骤说明	图　片
8	双击右图的“＊”,“＊”代表目标点,机器人已经在起始点 p10 位置,双击则会进入数据点名称设置界面	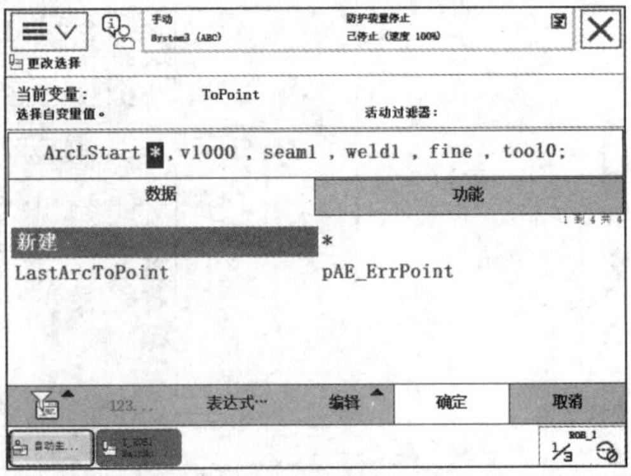
9	点击“新建”按钮,进入数据点编辑界面,这里名称命名为 p10,然后单击“确定”按钮	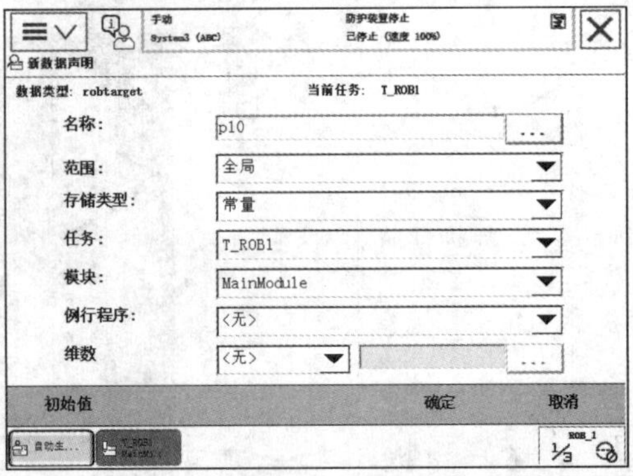
10	手动操作机器人,将其移至 p20 点(焊接中间点)	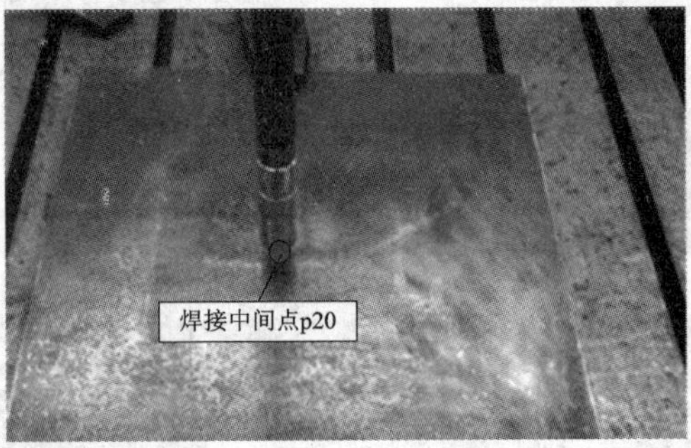
11	在示教器上添加指令 ArcL,使机器人从 p10 点运动到 p20 点,如右图所示	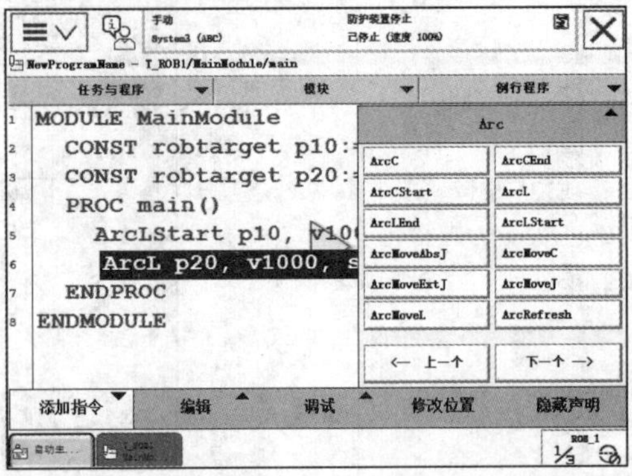

续表 6 - 6

<table>
<tr><th>序　号</th><th>步骤说明</th><th>图　片</th></tr>
<tr><td>12</td><td>手动操作机器人，将其移至 P30 点（焊接结束点）</td><td>
</td></tr>
<tr><td>13</td><td>在示教器上添加焊接指令 ArcLEnd，参数设置可以参考前面焊接指令 ArcLStart，如右图所示</td><td>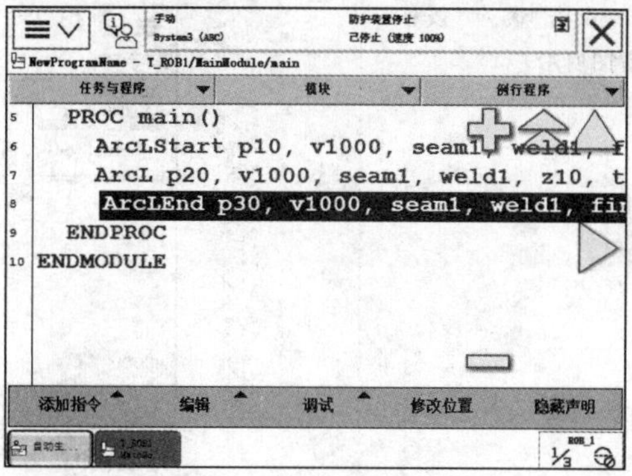
</td></tr>
<tr><td>14</td><td>手动操作移动机器人至焊接开始点 p40 作为焊接作业临近点，并在程序 ArcLStart 上方添加指令 MoveL 或 MoveJ，如右图所示</td><td>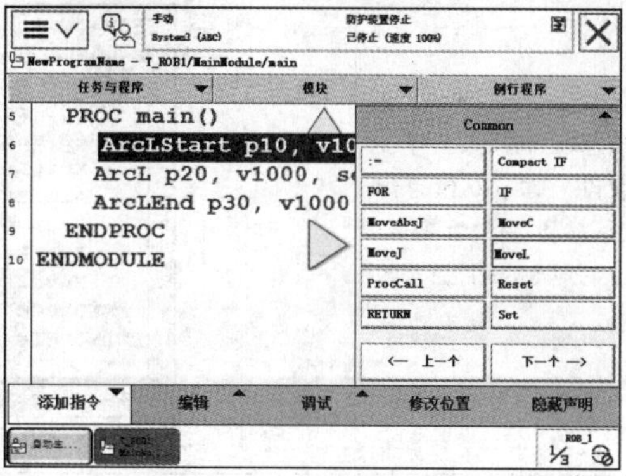

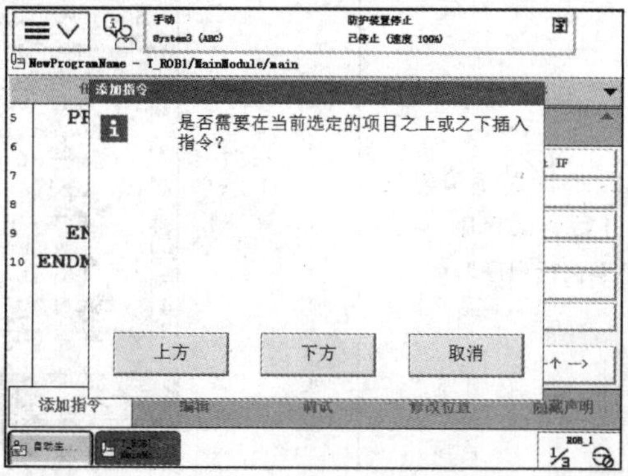
</td></tr>
</table>

续表 6－6

<table>
<tr><th>序号</th><th>步骤说明</th><th>图片</th></tr>
<tr><td>15</td><td>在 MoveL 程序一行修改速度，双击 v1000，选中 v200，点击“确定”按钮，如右图所示</td><td>
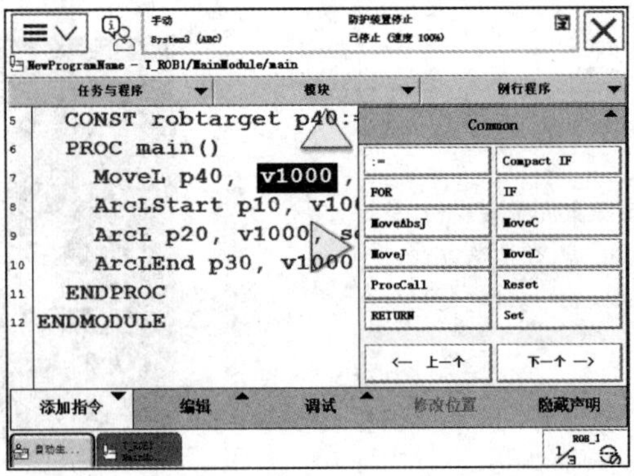

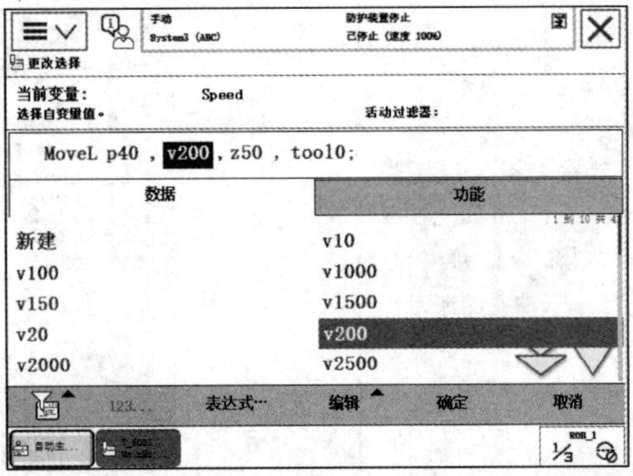

</td></tr>
<tr><td>16</td><td>同样，移动机器人至焊接结束点上方 p50 作为焊枪规避点，添加指令 MoveL 或 MoveJ，如右图所示</td><td>
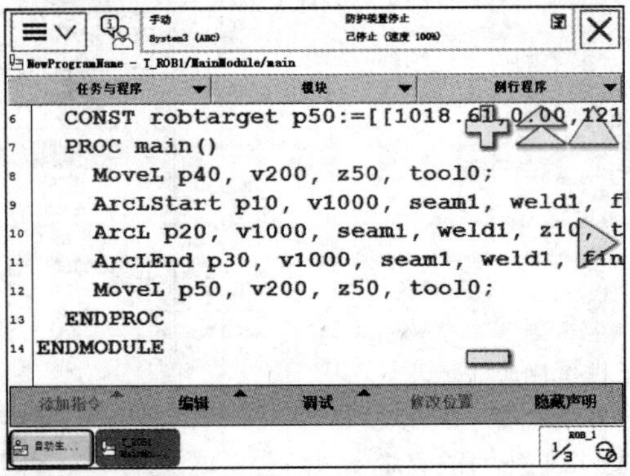

</td></tr>
<tr><td>17</td><td>至此，示教程序编辑完成，开始调试程序，点击“PP 至例行程序”</td><td>
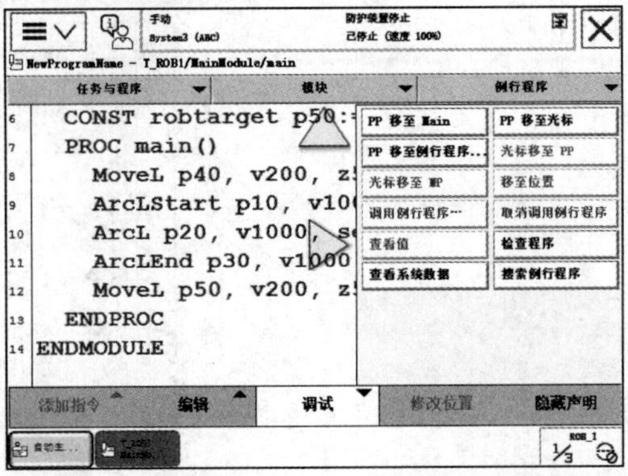

</td></tr>
</table>

续表 6 - 6

序　号	步骤说明	图　片
18	选中所要调试的程序，点击“确定”按钮	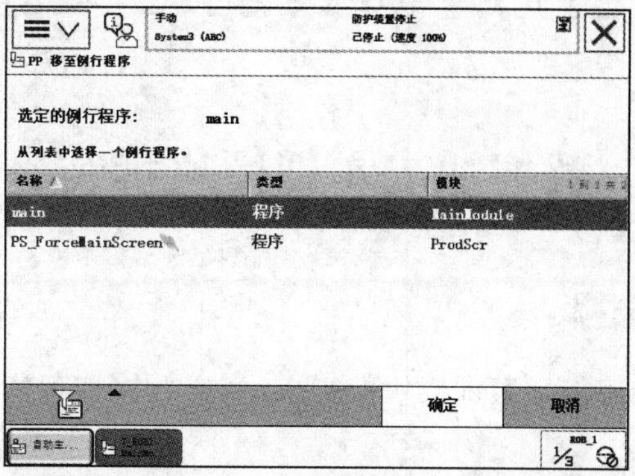
19	开始运行程序	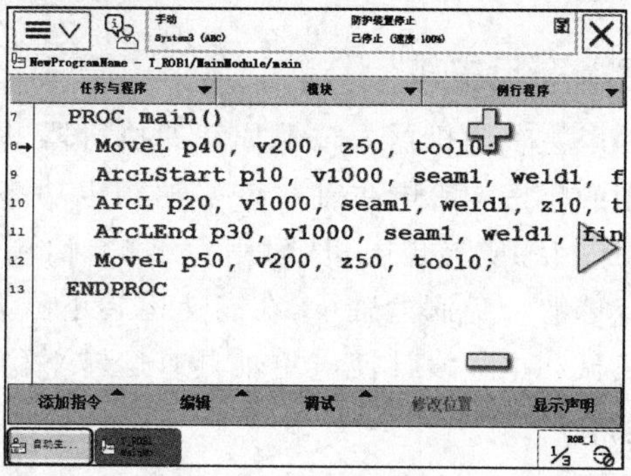
20	在锁定焊接功能状态下，点击“确定”按钮，运行程序并观察效果	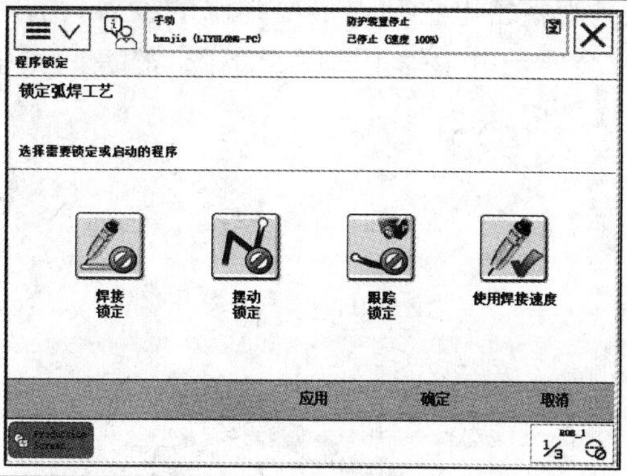
21	若没有问题，则开启焊接功能、打开焊接柜、保护气体，运行程序开始焊接，若出现问题，则需要重新示教编辑程序	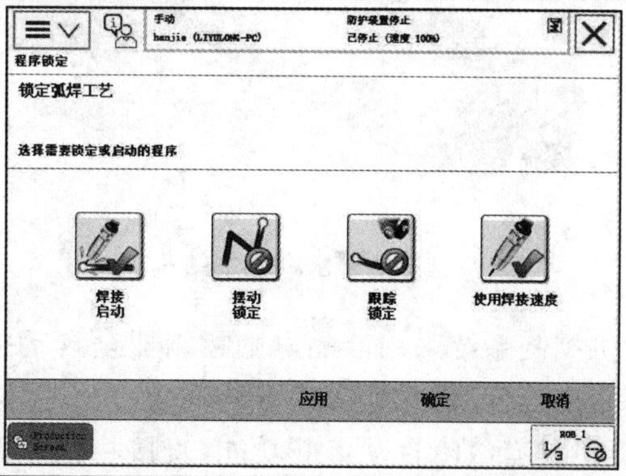

项目七　数控加工实训模块拆装与操作

任务一　数控加工实训模块拆装

【任务描述】

了解数控加工实训模块的构成，完成数控加工实训模块的装配。

【任务实施】

1. 精密水冷电主轴

精密水冷电主轴为机器人末端加载的执行器，来完成对试件的铣削加工。图 7－1 所示为本设备所选用的精密水冷电主轴。该主轴额定功率为 1.5kW，转速在 0～24 000 r/min 范围内可调，采用三相感应异步电机，耐用免维护，轴端采用易于更换刀具的 ER16 刀柄。该主轴采用精密陶瓷球混合免润滑轴承，在高速运转下具有优异的运行精度，通过气封避免内部被污染。良好的机械和电气设计使电主轴具有运转平稳、静音和工作寿命长的特点。

2. 水冷机

水冷机是为精密电主轴提供冷却水的设备，由于电主轴在加工过程中会产生热量，如果不能及时散去，会导致电主轴工作效果下降，严重的则会导致电主轴过热而损坏。图 7－2 所示为所选用的水冷机。

图 7－1　精密水冷电主轴

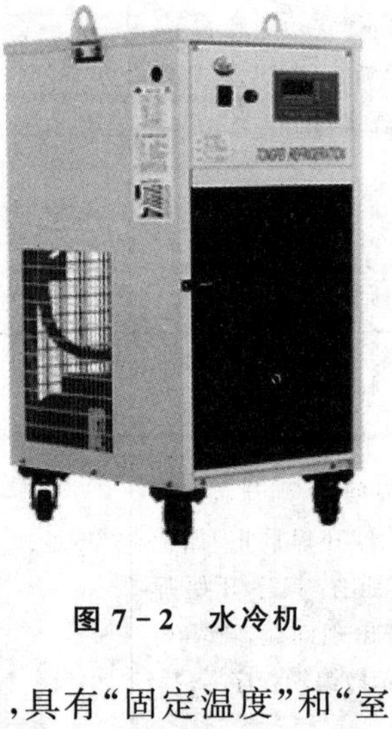

图 7－2　水冷机

该水冷机控制系统采用液晶电脑控制器全自动控制，具有“固定温度”和“室温同调”两种控制方式，“固定温度”模式在 15～50℃之间，“室温同调”模式范围为室温±9℃，控制精度±1℃。该水冷机具有故障自动诊断功能，直接将故障点显示在屏幕上，提示用户快速处理，并可将故障信号反馈给总控平台，对电主轴系统进行保护，避免造成设备和加工零件损坏，同时提供多重保护功能和无源报警端子、远程控制端子，易于实现工作站系统的集中控制和监控，有效保证工作站的安全和使用寿命。

3. 除尘装置

除尘装置的目的是除去在加工过程中产生的切屑，如图 7 - 3 所示，其黑色开关为闭合开关，红色为断开开关。该除尘装置的过滤系统有 3 层，其中一层是以多元酯材料创新制作的 FPPR8200 过滤器，这种过滤器可以过滤 0.28μm 的微尘，过滤可达到 99.993%，另外一层为用织布制作的 FP3100 过滤器，其面积为 3100cm^2，能够过滤掉 99.99%的 0.3～0.5 μm 的微尘，3 层过滤系统保证了被排出的空气达到 100%干净。该除尘装置拥有手动振尘的功能，当吸力因过滤器被堵塞而不足时，使用者只需要轻轻晃动振尘杆，就可以使过滤器通畅。该除尘装置可以吹吸同时使用，当碰到难以用吸来清理的死角或者不能用吸尘装置进行工作的情况时，就可以采用边吹边吸的方式，效果更佳。

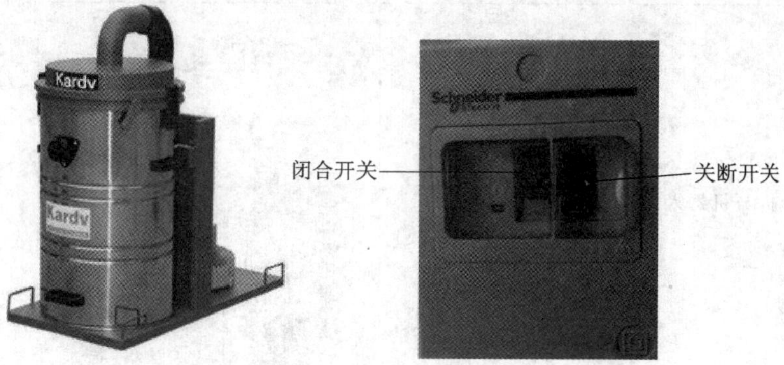

图 7 - 3　除尘装置

4. 总控平台

总控平台安装于电控柜中，包括所有的电源开关、中继元件及控制电主轴的变频器，如图 7 - 4 所示为安装了总控平台的电控柜。总控平台以机器人为控制枢纽，通过对中继电气元件的控制来实现对电主轴、水冷机、除尘装置、工装夹具的自动化控制，能采集各位移、安全传感器的数值，并能够根据情况触发报警系统。

图 7 - 4　总控平台

5. 数控加工实训模块装配

数控加工实训模块的装配步骤见表 7－1。

表 7－1 数控加工实训模块装配

序 号	步骤说明	图 片
1	将精密水冷电主轴安装到机器人上	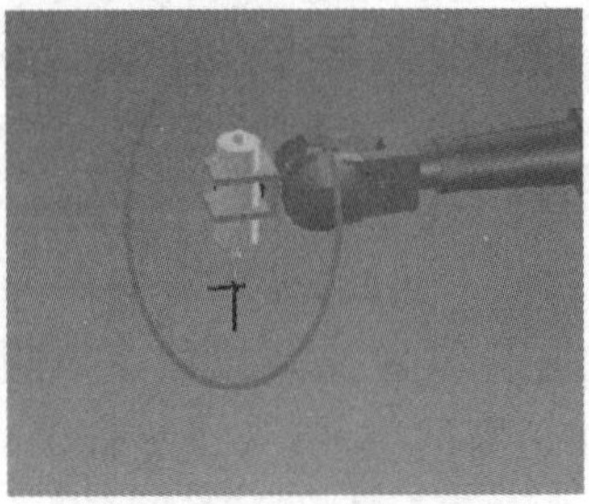
2	将水冷机与机器人连接完好	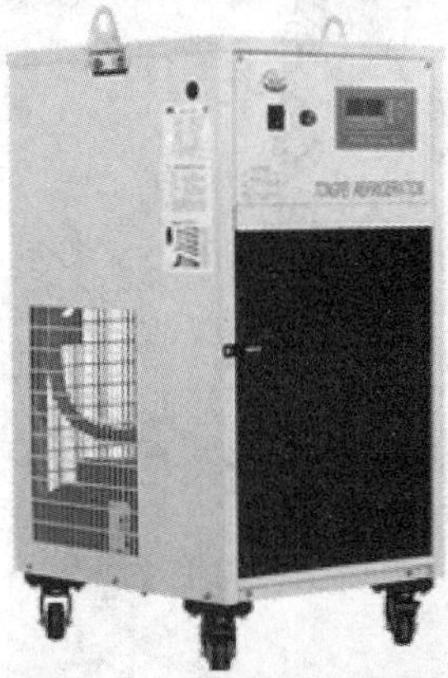
3	将除尘装置安装到机器人上	
4	将数控加工实训模块的工作台连接完好	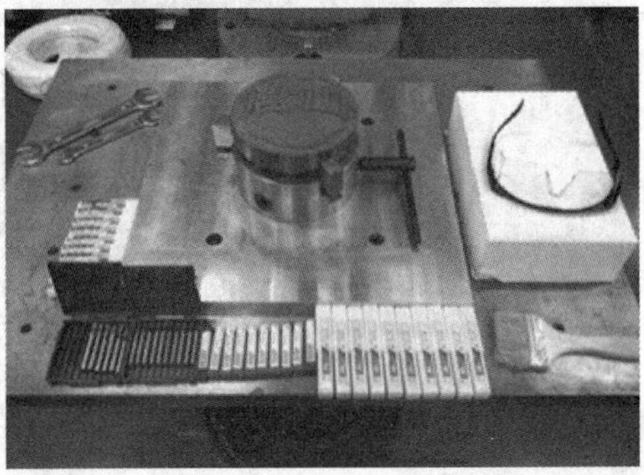

任务二　机器人数控加工的仿真及调试

机器人数控

加工离线编程

1. 机器人数控加工的离线编程

这里以平面铣削为例，利用 RobotArt 进行虚拟仿真编程，具体操作步骤如表 7－2 所列。

表 7－2　平面铣削仿真编程

序　号	步骤说明	图　片
1	用 CATIA 制作生成所需的 CAM 轨迹文件 pingmian. aptsource	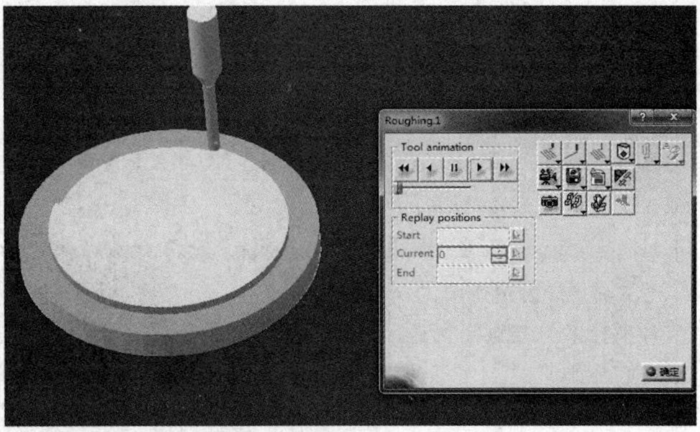
2	打开 RobotArt 离线编程软件，导入并打开电主轴数模文件 dianzhuzhou. STEP	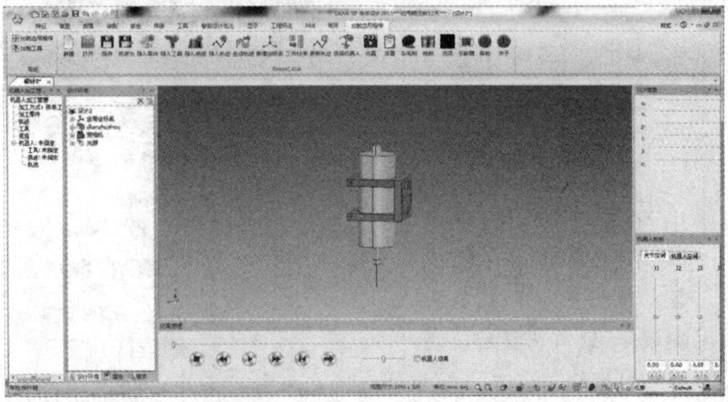
3	将文件命名为 dianzhuzhou. ics，然后单击“保存”将文件另存到软件安装目录文件下	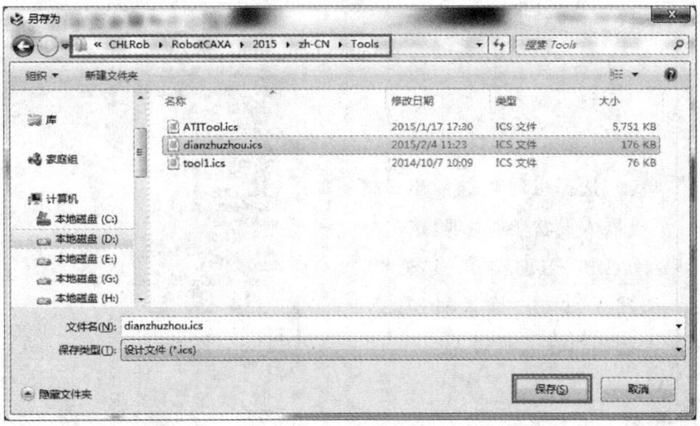

续表 7－2

<table>
<tr><th>序　号</th><th>步骤说明</th><th>图　片</th></tr>
<tr><td>4</td><td>单击“导入轨迹”按钮，将之前由 CATIA 生成的 CAM 轨迹 pingmian.aptsource 导入 RobotArt 软件中</td><td>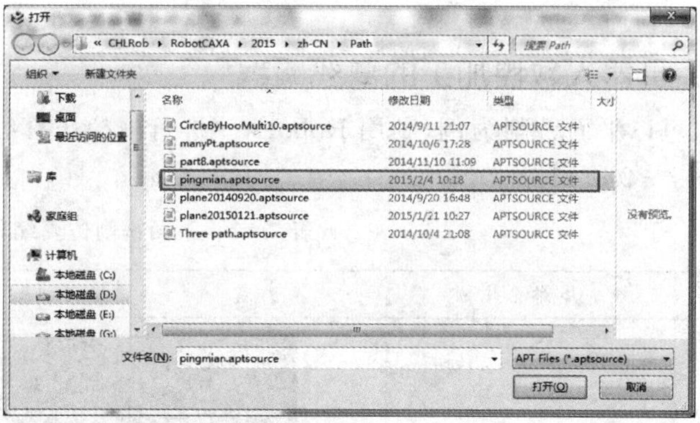
</td></tr>
<tr><td>5</td><td>导入轨迹后如图所示，工件坐标系的原点在轨迹中心位置</td><td>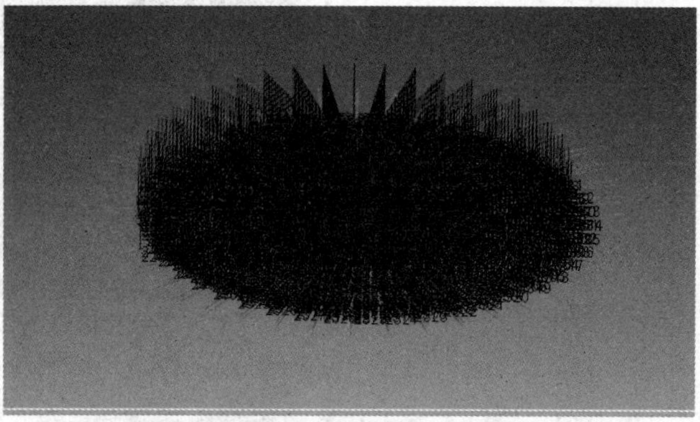</td></tr>
<tr><td>6</td><td>单击“选项”按钮，弹出“选项”对话框，对轨迹线显示状态进行调试，如右图所示，仅勾选显示轨迹点和显示轨迹姿态</td><td>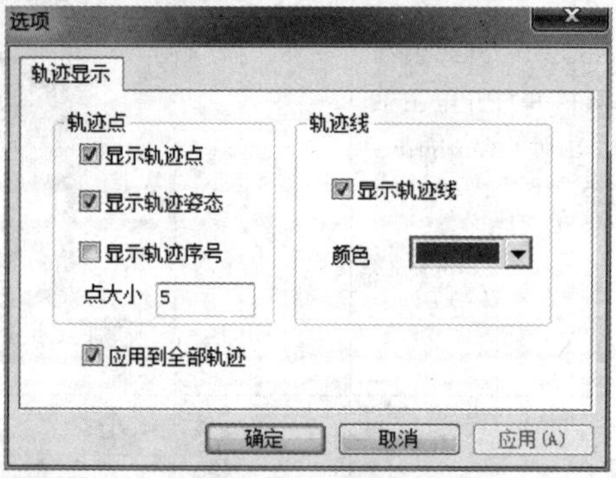
</td></tr>
<tr><td>7</td><td>单击“选择机器人”，弹出“机器人设置”对话框，选择 ABB－IRB 2400－16 机器人，单击“插入机器人模型”，导入机器人</td><td>
</td></tr>
</table>

续表 7-2

序　号	步骤说明	图　片
8	工件坐标系相对于机器人基础坐标系的理论偏移值为[1000.000，0.000，500.000]，故需要将工件在 X 方向移动 1000mm，在 Z 方向移动 500mm，单击设计环境对话框中的“零件 1”，选中该零件，按下键盘上的快捷键 F10，弹出三维球，按住鼠标左键沿 X 轴方向拖动，将偏移值设置为 1000	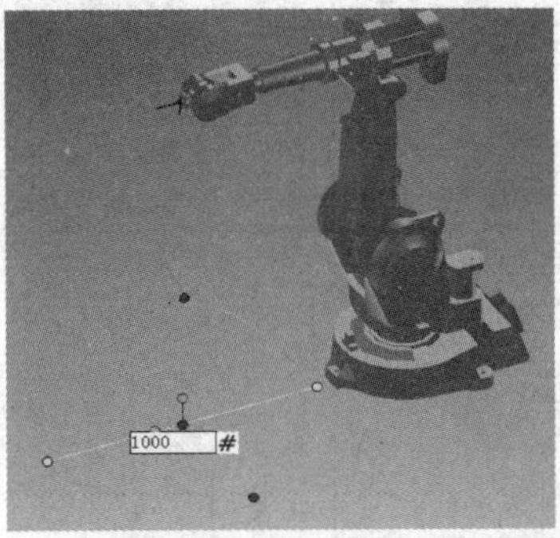
9	按住鼠标左键沿 Z 轴方向拖动，如右图所示，将偏移值设置为 500	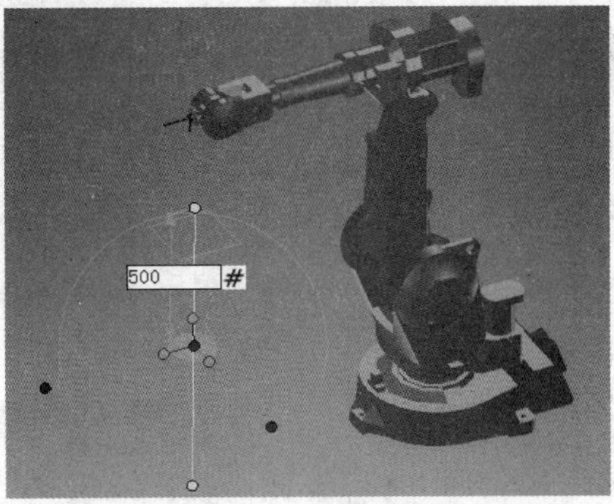
10	此时轨迹位置就调整到预先设定的理论位置	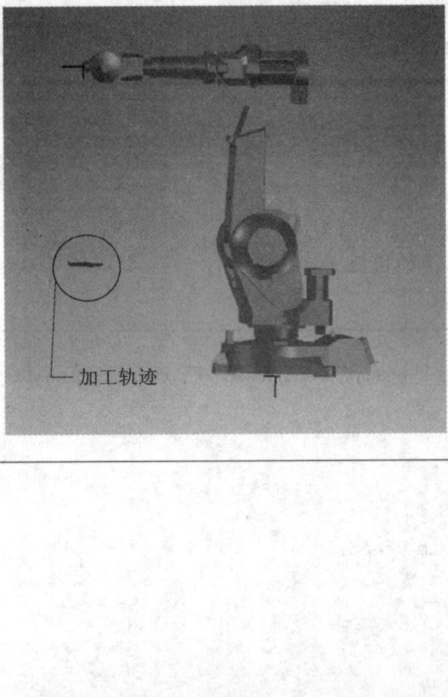

续表 7－2

序　号	步骤说明	图　片
11	单击“导入工具”按钮，弹出如右图所示的工具选择窗口，选择 dianzhuzhou. ics，单击“打开”按钮，导入工具	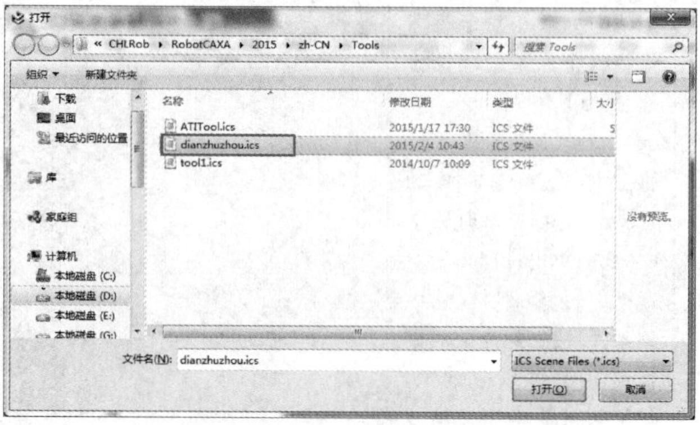
12	导入工具后，如右图所示，工具会与机器人第六轴法兰盘自动装配	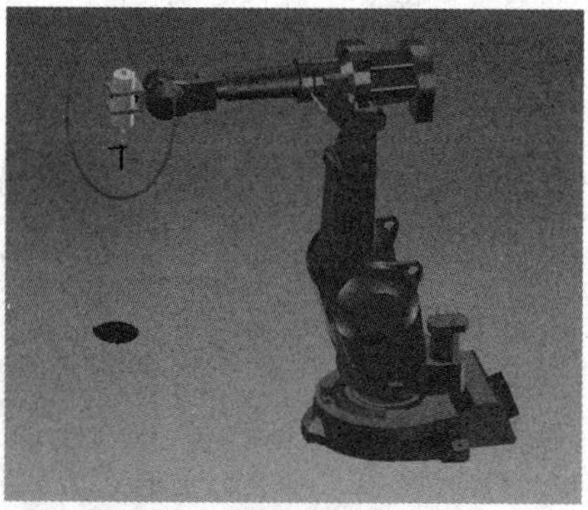
13	调试好后，选择仿真管理中的“机器人仿真”，单击“仿真管理”对话框中的“运行”按钮，开始仿真，确认轨迹无误后，单击“后置”，对轨迹进行后置处理，由于轨迹是在工件坐标系生成，故选择 Fixed Frame，其它选项按照图所示进行选择，最后单击“生成”按钮，将调试好的轨迹导出为＊. mod 格式的机器人轨迹文件	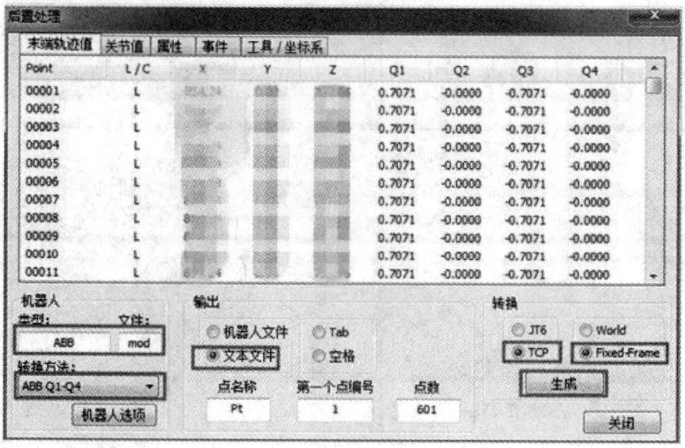

最后需要对生成的“＊. mod”格式的文件用记事本打开做适当修改，以下为主要的程序代码。

```
%%%
MODULE PROG_00
VAR speeddata vfeed;
```

```
VAR speeddata vrapid;
VAR zonedata zz;
PERS wobjdata wobj;
PERS tooldata tool1 := [TRUE,[[202.772, - 0.240232,61.5689], [0.707, 0, - 0.707, 0]],[3.5,
[100, 0, 60],[1, 0, 0, 0], 0, 0, 0]];    //根据之前得出的实际的工具数据修改 X、Y、Z 的值

PROC Main()
ConfL\Off;
vfeed.v_tcp := 83.333;
vfeed.v_ori := 30.000;
ACCSET 20.0, 50.0;
zz.finep := FALSE;
zz.pzone_tcp := 5.000;
zz.pzone_ori := 8.000;
zz.pzone_eax := 8.000;
zz.zone_ori := 8.000;
zz.zone_leax := 8.000;
zz.zone_reax := 0.800;
wobj.robhold:= FALSE;
wobj.ufprog:= TRUE;
wobj.ufmec:= "";
wobj.uframe.trans := [1032.100, - 5.500, 696.500];    //根据实际工件位置修改工件坐标系相对
于机器人坐标系的偏移值,程序导入到机器人并运行后再根据实际情况修改
wobj.uframe.rot := [1.000, 0.000, 0.000, 0.000];
wobj.oframe.trans:= [0,0,0];
wobj.oframe.rot:= [1,0,0,0];

MoveAbsJ [[0.000, 0.000, 0.000, 0.000, - 20.000, 0.000],[9E9,9E9,9E9,9E9,9E9,9E9]]\NoEOffs,
vfeed,fine,tool0;
Set do1;        //开启电主轴
Set do2;        //开启吸尘装置
WaitTime 15;    操作人员到防护栏外的时间设定,单位为秒
vfeed.v_tcp := 5;
vfeed.v_ori := 30.000;
MoveL [[74.417, - 27.712, 8.000],[1.0000, 0.0000, 0.0000, 0.0000],[1,1,1,1],[9E9,9E9,9E9,
9E9,9E9,9E9]],vfeed,zz,tool1\WObj:= wobj;
MoveL [[74.417, - 27.712, - 2.000],[1.0000, 0.0000, 0.0000, 0.0000],[1,1,1,1],[9E9,9E9,9E9,
9E9,9E9,9E9]],vfeed,zz,tool1\WObj:= wobj;
MoveL [[70.107, - 26.104, - 2.000],[1.0000, 0.0000, 0.0000, 0.0000],[1,1,1,1],[9E9,9E9,9E9,
9E9,9E9,9E9]],vfeed,zz,tool1\WObj:= wobj;
……
MoveL [[1.276, 0.183, - 10.000],[1.0000, 0.0000, 0.0000, 0.0000],[1,1,1,1],[9E9,9E9,9E9,9E9,
9E9,9E9]],vfeed,zz,tool1\WObj:= wobj;
MoveL [[1.276, - 0.183, - 10.000],[1.0000, 0.0000, 0.0000, 0.0000],[1,1,1,1],[9E9,9E9,9E9,
9E9,9E9,9E9]],vfeed,zz,tool1\WObj:= wobj;
```

```
MoveL [[1.173, -0.535, -10.000],[1.0000, 0.0000, 0.0000, 0.0000],[1,1,1,1],[9E9,9E9,9E9,9E9,9E9,9E9]],vfeed,zz,tool1\WObj:= wobj;
vfeed.v_tcp := 16.667;
vfeed.v_ori := 30.000;
MoveL [[1.173, -0.535, 0.000],[1.0000, 0.0000, 0.0000, 0.0000],[1,1,1,1],[9E9,9E9,9E9,9E9,9E9,9E9]],vfeed,zz,tool1\WObj:= wobj;
Reset do2;    //关闭电主轴
Reset do1;    //关闭吸尘装置
ENDPROC
ENDMODULE
```

2. 数控加工机器人的现场调试

工业机器人
数控加工应用

平面铣削只是涉及粗加工，在铣削加工前将电主轴的刀具换成直径为6mm的平面铣刀。将生成的机器人代码导入到机器人示教器中进行实际手动运行调试。图7-5所示为利用机器人进行平面铣削。

调试时程序轨迹与实际工件位置之间可能存有偏差，这是因为工件坐标相对于机器人基础坐标系的理论偏移与实际情况有误差，可通过手动修改程序的方式进行修正。数控加工程序修改完成后，在机器人的手动模式下，将程序完整地运行一遍，确认无误后，再将机器人切换到自动模式，自动运行程序，加工下一个工件。机器人的铣削加工过程如图7-6所示。

图7-5　平面铣削实际工具图

图7-6　铣削加工过程